Tom Marshall

Autoridade nos céus, autoridade na terra

poderes e autoridades no mundo espiritual

Tradução

Lenita Ananias do Nascimento

Vida

Título original
Authority in heaven, authority on earth
edição publicada por
SOVEREIGN WORLD LTD
PO Box 784, Ellel, Lancaster, LA1 9DA, UK
www.sovereignworld.com

■

Todas as citações bíblicas foram extraídas da
Nova Versão Internacional (NVI),
©2001, publicada por Editora Vida,
salvo indicação em contrário.

EDITORA VIDA
Rua Júlio de Castilhos, 280 Belenzinho
CEP 03059-000 São Paulo, SP
Tel.: 0 xx 11 6618 7000
Fax: 0 xx 11 6618 7050
www.editoravida.com.br
www.vidaacademica.net

■

Editor responsável: Rosa Ferreira
Revisão de tradução: Ligia Cantarelli
Revisão de provas: Patrícia Murari
Diagramação: Set-up Time
Capa: Arte Peniel

Dados Internacionais de Catalogação na Publicação (CIP)
(Câmara Brasileira do Livro, SP, Brasil)

Marshall, Tom
Autoridade nos céus, autoridade na terra: poderes e autoridades no mundo espiritual / Tom Marshall ; tradução Lenita Ananias. — São Paulo: Editora Vida, 2008.

Título original: *Authority in heaven authority on earth.*
ISBN 978-85-383-0031-1

1. Autoridade 2. Combate espiritual 3. Espiritualidade I. Título.

08-01968 CDD-230

Índice para catálogo sistemático:

1. Poderes e autoridades no mundo espiritual : Cristianismo 230

Autoridade nos céus, autoridade na terra

Nota da edição original

O material deste livro foi produzido inicialmente na forma de três pequenos livros separados, como parte da **Série Explicações** (Explaning Series), elaborada pela Sovereign World Ltd.

Tom Marshall foi um professor muito respeitado e talentoso. Ao reunir esses ensinos sobre assuntos relacionados, esperamos que, nesta forma consolidada, eles sejam proveitosos para um público mais amplo.

Os livros originais foram mantidos separados, mas um é a seqüência do outro, embora haja, inevitavelmente, algum entrelaçamento no conteúdo deles.

Sumário

Parte 1

Principados e potestades

Introdução

Como cristãos, somos constantemente advertidos de que vivemos num mundo decaído, hostil ao evangelho e quase sempre um antagonista ativo.

Temos consciência de que, nos ambientes seculares da sociedade, nas esferas dos negócios, do comércio, da política e do entretenimento, somos freqüentemente intimidados pela crueldade autoconfiante e o hedonismo ímpio. Aos domingos, na igreja, podemos cantar os hinos vitoriosos de Sião e os cânticos militantes acerca de "tomar a terra", mas, se formos sinceros, reconheceremos que no local de trabalho, na segunda-feira de manhã, a maioria de nós nos sentimos quase que totalmente indefesos.

Em Efésios 6.12, Paulo identifica o local do conflito:

> Porque a nossa luta não é contra o sangue e a carne, e sim contra os principados e potestades, contra os dominadores deste mundo tenebroso, contra as forças espirituais do mal, nas regiões celestes. (Almeida Revista e Atualizada — *ARA*)

Para sermos os vencedores que temos de ser, precisamos conhecer:

- as verdadeiras características do conflito que enfrentamos;
- a natureza da "terra" que devemos tomar; e
- a verdadeira identidade dos inimigos que se nos opõem.

O mais importante é que precisamos compreender que **a fonte de nossa vitória é a morte de Jesus Cristo na cruz e sua ressurreição dentre os mortos**, ou aquilo que a Bíblia chama de *"sangue do Cordeiro"* (Apocalipse 12.11). Mas, para enfrentar as potestades com confiança, precisamos saber de fato como e por que a cruz tem esse grandioso e impressionante poder. Estes são os temas de que tratarão as páginas a seguir.

Capítulo 1

Visão panorâmica do campo de batalha

Mal chegamos, por assim dizer, a esta terra e nos encontramos no meio de uma batalha espiritual, uma batalha em que, sobretudo, não há cidadãos isentos nem territórios neutros. Portanto, em primeiro lugar, precisamos entender o que está ocorrendo e por que e, em segundo, qual é o nosso lugar no conflito.

A Bíblia revela a existência de um conflito cósmico entre Deus e Satanás, cujo campo de batalha é esta terra e a raça humana. **O problema em questão é a tentativa de Satanás de separar Deus de sua Criação**, isto é, da intenção e dos propósitos declarados de Deus de ter:

- O homem à sua imagem e semelhança e com domínio (Gênesis 1.27,28);
- Toda a terra cheia de sua glória (Números 14.21; Habacuque 2.14);
- Todas as coisas do céu e da terra juntas sob a liderança de Jesus Cristo (Efésios1.10).

Para ter a perspectiva correta da forma que esse conflito tomou, precisamos voltar às origens, isto é, à Criação e à Queda.

Criação

Toda a Criação, Paulo nos diz, é centrada em Cristo, ele é sua origem, seu arquiteto e seu fim.

> Pois nele foram criadas todas as coisas nos céus e na terra, as visíveis e as invisíveis, sejam tronos ou soberanias, poderes ou autoridades; todas as coisas foram criadas por ele e para ele. Ele é antes de todas as coisas, e nele tudo subsiste.
>
> Colossenses 1.16,17

> Pois dele, por ele e para ele são todas as coisas.
>
> Romanos 11.36

Quando perguntamos: "O que há fora de 'todas as coisas' da Criação?", a resposta é: "Nada". Quando perguntamos: "O que está incluído em 'todas as coisas' da Criação?", podemos distinguir as três importantes categorias a seguir:

1. A realidade constituída em duas dimensões, ou esferas.
   (a) A esfera espiritual e nela as ordens angelicais/demoníacas.
   (b) A esfera material e nela as ordens da natureza.
2. A humanidade habita tanto a esfera material quanto a espiritual.
3. As coisas que a humanidade criou, isto é, culturas, sociedades, organizações, instituições, construções, tecnologias, ciências, arte etc.

O mandato da Criação

O destino bíblico da humanidade é exposto no que se costuma chamar de mandato da Criação, às vezes, mandato de domínio ou mandato cultural. Trata-se da responsabilidade que Deus deu aos seres humanos de administrar a terra criada e falar de sua importância.

> Deus os abençoou, e lhes disse: "Sejam férteis e multipliquem-se! Encham e subjuguem a terra! Dominem sobre os peixes do mar, sobre as aves do céu e sobre todos os animais que se movem pela terra".
>
> Gênesis 1.28

O mandato da criação continha dois mandamentos capacitadores:

1. *Sejam férteis e multipliquem-se* e
2. *subjuguem a terra.*

A família

O primeiro desses mandamentos começou a ser cumprido com o início da família humana (Gênesis 4.1). A importância da família e a razão para a constante pressão satânica e os ataques do Maligno sobre a família reside no fato de esta ser uma instituição divinamente ordenada, que está relacionada com o destino do homem na terra.

A cidade

O segundo mandamento capacitador começou a ser cumprido com a construção da primeira cidade.

> Caim teve relações com sua mulher, e ela engravidou e deu à luz Enoque. Depois Caim fundou uma cidade, à qual deu o nome do seu filho Enoque.
>
> Gênesis 4.17

Daí em diante, toda a história da Bíblia é concentrada em cidades. Os nomes de algumas são muito conhecidos, se pensarmos em alguns temas bíblicos — Babilônia e Nínive, Tiro e Sidom, Sodoma e Gomorra, Roma e Jerusalém, Damasco, Samaria, Jericó, Antioquia, Atenas e Cesaréia de Filipe. Também há dezenas de outras cidades cujos nomes são desconhecidos e estranhos e cuja importância não compreendemos mais.

É para a **história interna da cidade** que vamos nos voltar no próximo capítulo, mas precisamos entender a importância dessa estrutura para o todo de nosso presente estudo. Observe os seguintes pontos, aos quais retornaremos com mais detalhes depois.

- A cidade é o símbolo, que perdura por toda a Escritura, daquilo que o homem criou coletivamente. Desse modo:
  - *No nível macroscópico* ela representa o estado ou a nação em termos políticos. Em termos sociológicos, representa toda a cultura de uma nação ou de um povo. Os primeiros estados foram cidades-estado e os principais impérios do mundo antigo. Por exemplo, os impérios babilônico, assírio e romano foram fundados como cidades — quando a cidade caía, o império também caía.
  - *No nível microscópico* a cidade também representa de forma simbólica todas as estruturas particulares

de um estado ou de uma sociedade. Por exemplo, uma empresa comercial, uma escola, a câmara de vereadores, um clube ou mesmo uma igreja local são, no sentido próprio da palavra, pequenas "cidades".

- O símbolo da cidade do Antigo Testamento representa as mesmas realidades que são chamadas no Novo Testamento de *principados e potestades*, em todas as diferentes manifestações — tronos, soberanias, poderes e autoridades. Todos eles são identificáveis em nossa moderna sociedade exatamente com as mesmas funções.
  - *Tronos* são a forma simbólica de expressar a autoridade investida numa função contínua ao longo do tempo, independentemente de quem a exerça no presente. Falamos de "alçada" quando nos referimos aos juízes dos tribunais de direito, de "mesa", em relação à pessoa que preside uma reunião, da "sala oval", referindo-nos à presidência dos Estados Unidos, e da "Downing Street, n.º 10", para nos referir ao escritório do primeiro ministro da Grã-Bretanha. Todos eles são tronos.
  - *Soberanias* são esferas de influência sobre as quais o trono preside ou influencia, ou mantém controle. Uma soberania pode ser visível — o território de um Estado ou toda uma cidade — ou invisível — por exemplo, quando falamos do "poder da imprensa".
  - *Poderes* relacionam-se com as pessoas responsáveis pelo governo, isto é, aquelas investidas de poder. Trata-se, portanto, não da pessoa como indivíduo,

mas, sim, do chefe do poder executivo. Por exemplo, não George W. Bush, mas o presidente George W. Bush como governante dos Estados Unidos.

– *Autoridades* são legitimações e sanções por meio das quais se mantém a autoridade, como leis, regulamentos, normas, códigos e constituições, quer escritos, quer consuetudinários, isto é, validados pelo costume.

A Queda

Na Queda, a humanidade não apenas pecou, mas também o mandato de domínio se voltou contra Deus.

- ***O homem constrói cidades como expressão de seu destino de governar, mas faz isso por revolta.*** Por isso, a cidade de Babel passou a ser a expressão da revolta coletiva do homem contra Deus, uma rebelião tão nefasta que provocou a intervenção divina (Gênesis 11.1-9).
- ***O homem perde sua autoridade espiritual sobre a criação.*** No vácuo de poder que essa perda gerou, Satanás começa a lançar os fundamentos de seus principados e potestades demoníacos nos lugares celestiais. Esses poderes, da mesma forma, aparecem em associação com a cidade do Antigo Testamento. A palavra hebraica para designar "cidade" também significa "o anjo que vigia", ou seja, por trás da estrutura de poder da cidade encontramos o anjo vigilante, o deus-demônio da cidade. A Bíblia menciona muitos deles: Baal, Dagom, Timmutz, Moloque, Astarote,

Quemos, Adrameleque, Diana (ou Ártemis), Rimom, Nergal e outros.

Rebelião

Na Queda, Deus enfrenta rebelião contra sua vontade em três níveis:

- *Nível 1*: A rebelião individual dos homens e mulheres caídos.
- *Nível 2*: A rebelião coletiva da cidade, as estruturas caídas.
- *Nível 3*: A rebelião satânica das potestades demoníacas.

O nível 1 é o **reino da carne e do sangue**. Os níveis 2 e 3 são o **reino do espírito**, e é essencial fazermos diferença entre eles, tanto entre os do nível 1 quanto entre um e outro nível.

Volte ao texto de Efésios 6.12 e veja que está claramente expresso:

- *Nível 1:* "Porque nossa luta não é contra o sangue e a carne..."
- *Nível 2*: "...e sim contra os principados e potestades, contra os dominadores deste mundo tenebroso..."
- *Nível 3:* "...contra as forças espirituais do mal, nas regiões celestes.

A importância de compreender esses conceitos vai se revelar à medida que prosseguimos com este estudo.

Capítulo 2

A cidade e as estruturas de poder

No Antigo Testamento, a cidade passa a ser um importante fator da história humana logo após sua fundação. A civilização, a cultura, a aprendizagem e a tecnologia vicejam na cidade. Ela se transforma no pólo de atração e concentração de riqueza, poder econômico, influência política e colonização, mas também passa a ser o foco do poder militar, de conquista, escravidão e opressão, além de centro de idolatria e ocultismo. É importante saber por que e como isso ocorre, pois vivemos hoje em uma era de megalópoles e superpotências. A cidade atingiu um tamanho gigantesco.

A cidade ganha nome

Desde a primeira cidade, fundada por Caim, todas as cidades sempre recebem um nome. Na Bíblia, os nomes expressam o caráter ou a identidade do ser denominado, por isso, a cidade nomeada adquire um caráter particular. Desse modo, Nínive é "a mestra de feitiçarias" (Naum 3.4), Tiro é "a cidade jubilosa" (Isaías 23.7), Babilônia, "a mãe das prostitutas" (Apocalipse 17.5) e Damasco, "a cidade famosa" (Jeremias 49.25).

As cidades de hoje também têm caráter próprio. Londres tem um caráter que a distingue de Paris ou de Sidney, por exemplo. Assim como Berna é diferente de Seul, Nova York, de Chicago, e assim por diante. Até uma empresa ou uma igreja tem seu caráter ou sua cultura particular, que os recém-chegados notam imediatamente.

A cidade se transforma em poder

Eis um conceito muito importante para entender. Uma cidade (ou uma empresa ou uma instituição) é criada por decisão coletiva e tem sua vida regida por essas decisões tomadas por homens e mulheres, que têm, cada um, um espírito humano. Quando essa entidade coletiva começa a funcionar como tal, acaba sendo criado um espírito coletivo que corporifica o caráter ou a personalidade da organização e lhe confere individualidade e particularidade. Esse espírito coletivo ou *persona* vem a ser uma realidade criada de direito próprio. É distinta das pessoas que constituem os habitantes da cidade de qualquer época. Por exemplo, o que é Londres? Não são as pessoas que moram lá hoje, pois 100 anos atrás nenhuma delas era nascida e, no entanto, Londres já existia. Daqui a 100 anos, nenhum dos atuais habitantes de Londres estará vivo, mas Londres ainda existirá.

Embora se trate de "ficção jurídica", o sistema jurídico reconhece algo assim quando trata de uma companhia registrada como entidade distinta de seus acionistas proprietários. A empresa pode processar seus próprios acionistas e, por sua vez, ser processada por eles. Mesmo que todos os acionistas morram, a empresa continua existindo.

A seguir, mencionamos algumas das características desse espírito coletivo, ou personalidade da cidade:

- ***Embora seja criada por seus fundadores, a cidade se torna cada vez mais independente deles.*** Em vez de ser moldada pelas pessoas, a cidade as modela. A cidade elabora sua própria cultura interna e seus próprios modos de funcionamento, aos quais as pessoas têm de se adaptar. Isso também vale para uma empresa comercial, para uma faculdade, um departamento do governo, um clube de futebol ou mesmo para uma igreja. No caso de igrejas, é o espírito coletivo, ou personalidade, que se chama " 'anjo' da igreja" nas cartas às sete igrejas do livro de Apocalipse (Apocalipse 1.20; 2.1,8,12,18; 3.1,7,14).
- ***Embora seu caráter seja originalmente maleável e apto a ser modelado, o espírito coletivo da cidade torna-se cada vez mais inflexível em seus modos de funcionamento e resistente à mudança.*** Desse modo, uma igreja tipicamente estável sempre resiste à renovação, e uma cultura nunca muda sem choques e traumas.
- ***Criada inicialmente para servir às pessoas, a cidade termina por usá-las para servir a seus próprios fins.*** Quer na forma de uma empresa, quer de um clube de serviço, quer de igreja, o "ente" exige lealdade, compromisso e obediência, e recompensa aqueles que lhes prestam bons serviços.
- ***Seu instinto predominante é o de sobrevivência.*** Babilônia, a cidade, diz a seu próprio respeito: "Eu serei senhora para sempre!... não ficarei viúva, nem

conhecerei a perda de filhos" (Isaías 47.7,8). As pessoas vivem e morrem, a cidade permanece, funcionários vêm e vão, a empresa continua. Quando está sob ameaça, utiliza quaisquer meios para sobreviver e paga qualquer preço para continuar existindo.

A cidade é decaída

Pelo fato de ter sido criada por homens caídos, a cidade também é caída e, em Babel, passa a ser a expressão da revolta coletiva do homem contra Deus (Gênesis 11.1-9). Observe, porém, as importantes questões a seguir:

- ***A cidade em si não é demoníaca, mas é caída.*** Isso quer dizer que ela faz algumas coisas boas, mas também outras coisas ruins, que tem objetivos legítimos, mas também se empenha em busca de objetivos ilícitos e pecaminosos.
- ***Uma marca do estado de queda da cidade é seu desejo impulsivo de ser idolatrada.*** Em outras palavras, ela se esforça para ser o valor mais importante na vida das pessoas e alega autoridade suprema sobre elas. Quer que seus interesses sejam postos à frente da família, dos interesses pessoais, da saúde e à frente de Deus.

Deus diz:

> Eu sou Deus, e não há outro,
> eu sou Deus, e não há outro semelhante a mim.
>
> Isaías 46.9

Babilônia diz:

> Eu sou, e além de mim não há outra.
>
> Isaías 47.8

Tiro diz:

> Eu sou Deus,
> sobre a cadeira de Deus me assento...
>
> Ezequiel 28.2

- ***A idolatria, contudo, causa inevitavelmente a possessão demoníaca.*** Quando fala acerca da oferta de alimentos aos ídolos, Paulo afirma que os ídolos não são coisa alguma, mas por trás dos ídolos há demônios que recebem a adoração (1Coríntios 10.18-20). Desse modo, uma estrutura coletiva pode, da mesma maneira, ser possuída por demônios como qualquer indivíduo.
- ***No entanto, a cidade, mesmo sendo caída, não deve ser rejeitada nem abandonada.*** Em primeiro lugar porque ela é objeto de redenção e, em segundo, porque restaurada e transformada, é exigida para o serviço de Deus na era vindoura.

O caráter da cidade

O caráter da cidade caída e rebelde é analisado com muita precisão e acuidade nas Escrituras. É essencial compreendermos essa análise para sabermos com o que estamos lidando, pelo fato de viver na cidade, e conhecer todas as suas manifestações, grandes ou pequenas.

Não estamos tratando aqui de carne e sangue, isto é, dos pecados das pessoas (Efésios 6.12), mas do aspecto do mal estrutural que age por intermédio das pessoas, alimentando a ganância desenfreada, obtendo vantagem com a luxúria, incitando violência e explorando com crueldade os fracos e desvalidos.

- Por causa de seu ímpeto idólatra, a cidade não é pura e simplesmente secular e por isso não é neutra do ponto de vista religioso. Não, ela é contrária a Deus.
  - A cidade blasfema contra Deus (Isaías 37.23,24), resiste a ele (Jeremias 50.29); e maquina o mal contra ele (Naum 1.11).
  - É cheia de ídolos, feitiçaria e bruxaria (Isaías 47.9; Jeremias 50.38; Naum 3.4; Apocalipse 18.23).
  - É contra a igreja, a herança do Senhor (Jeremias 50.11).
- Seu principal objetivo é o auto-engrandecimento, e fará de tudo, até mesmo usar o evangelho e o nome de Cristo para conquistar seu *status* e sua posição (Isaías 13.10,11; 47.5; Jeremias 51.41).

A compulsão da cidade por grandeza se manifesta em:

- acúmulo de riqueza (Ezequiel 28.4,5; Apocalipse 18.14,15).
- arquitetura esplendorosa e construções impressionantes (Ezequiel 27; 3-12; Zacarias 9.3).
- economia de consumo, principalmente em luxo e diversão (Isaías 23.7; Ezequiel 26.17; Apocalipse 18.3,7).
- autoconfiança e a falsa sensação de segurança (Sofonias 2.15; Isaías 47.8; Obadias 3).

- poder econômico, quase sempre com base em comércio desonesto, e na exploração de homens e mulheres (Isaías 23.3-9; Amós 1.9; Ezequiel 27.12-23; 28.16-18).
- expansão, conquista e colonização, que são observadas nos tempos atuais nas aquisições de controle acionário das empresas e nos conglomerados multinacionais (Isaías 14. 21; Jeremias 50.23; Ezequiel 26.17).
- o saber e o entendimento usados para fins corruptos (Isaías 47.10; Ezequiel 28.17).
- o estado de queda da cidade manifesta-se ainda mais em suas formas características de mal, entre elas:
- violência e crueldade (Naum 3.1-3; Ezequiel 28.16).
- arrogância e soberba (Isaías 10.12; Zacarias 10.11).
- impiedade e agressão (Isaías 14.4-6; Ezequiel 30.11; 32.12).
- opressão cruel e impiedosa (Isaías 14.17; 47.6).
- desonestidade e injustiça (Ezequiel 9.9; Naum 3.1).
- perversidade e critérios malignos (Jonas 1.1; Naum 1.11; Isaías 47.10).
- destruição, devastação e desolação (Jeremias 51.25, 35).

Entenda as estruturas de poder

O conhecimento do espírito coletivo ou personalidade coletiva ajuda a esclarecer algumas situações que vivemos com freqüência na cidade. Abaixo seguem alguns exemplos:

- A resistência, às vezes rígida, implacável e irracional, à mudança por parte de pessoas de uma organização que em outras circunstâncias seriam indivíduos adaptáveis, sensatos e progressistas.

O que temos de enfrentar é o espírito da organização, que, depois de engendrar idéias ruins e maus hábitos, torna-se altamente resistente a qualquer mudança.

- O amargo conflito de poder que em geral ocorre num nível intangível e supra-humano numa transação de controle de ações de sociedades anônimas e o motivo por que certos membros da equipe administrativa da empresa anexada são rápida e cruelmente jogados fora.

Há uma batalha de vida ou morte entre duas cidades. E como para qualquer cidade a sobrevivência está acima de qualquer tipo de ética, o fim sempre justifica os meios. Quando uma cidade ganha, os habitantes da cidade vencida são expulsos não porque são ineficientes, mas porque não são aceitáveis, ou não se "adaptam", à *persona* ou ao espírito da cidade vitoriosa.

- Por que uma divisão na igreja é tão devastadora e tão dolorosa e deixa as pessoas magoadas e arranhadas?

O espírito coletivo, o "anjo" da igreja foi ferido e amputado.

- Por que um grupo dissidente, formado por pessoas descontentes e causadoras de divisões, quase sempre se transforma numa igreja amarga e dividida?

A *persona* que se cria tem as características problemáticas do grupo fundador.

- Por que a disseminação e a aparente onipotência da cidade criam a sensação de impotência entre os cristãos e promove o êxodo da cidade secular para os "abrigos seguros" cristãos, que são as igrejas?

A linha do horizonte da região central da cidade é dominada por quarteirões de prédios de escritórios que se destacam. São os "lugares altos". Os reluzentes arranha-céus estão fazendo a seguinte declaração espiritual: "Aqui nós detemos o poder! Aqui nós exercemos influência! Aqui nós comandamos os recursos! Aqui vocês dobram os joelhos para nós!".

Capítulo 3

O inimigo nas regiões celestiais

De acordo com o mandato de domínio, a humanidade recebeu autoridade sobre o mundo criado, isto é:

- teria de representar a fonte de poder no mundo, fonte esta que é Deus.
- teria de exercer as prerrogativas desse poder sobre a criação a fim de providenciar para que a vontade de Deus se realizasse na terra assim como é no céu.
- os homens teriam de ser administradores; isto é, responsáveis perante Deus pelo modo que desempenham sua função.

Por causa da Queda, entretanto, a humanidade perdeu o acesso à presença de Deus. Em conseqüência, sua autoridade sobre o mundo criado também ruiu, pois deixou de ser sustentada pelo poder de Deus. No vácuo espiritual que resultou, Satanás entrou e usurpou o lugar de autoridade. Agora, em oposição ao reino de Deus, há um domínio de trevas (Colossenses 1.13), um sistema controlador de "poderes" demoníacos que domina as estruturas de "poder" do sistema mundial e endurece seu estado de rebelião contra Deus.

Se esses poderes demoníacos tiverem oportunidade de agir sem freios, eles vão:

- trazer confusão e caos às tentativas de diagnosticar a natureza real dos problemas na sociedade e buscar soluções viáveis para esses problemas.
- procurar eliminar quaisquer ameaças a seu controle com ataques espirituais ou de outro tipo contra qualquer um que represente perigo a esse controle.
- frustrar as tentativas de reformar as estruturas de poder, endurecendo sua resistência à mudança.

Quando examinamos a natureza desse domínio de trevas, descobrimos um tecido hierárquico fortemente entrelaçado de poderes malignos. A seguir, um breve resumo das evidências bíblicas:

Satanás

O domínio das trevas está sob a direção e o controle de Satanás, o arcanjo caído. Dois textos bíblicos falam de seu estado e de sua queda (Isaías 14.12-14 e Ezequiel 28.12-17).

- Antes de cair, ele era Lúcifer, a estrela da manhã, filho da alva. Seu reino era no céu (Isaías 14.12) e no Jardim do Éden (Ezequiel 28.13).
- Criado sem culpa, ele era o modelo de perfeição, sabedoria e beleza. Satanás era um querubim guardião,

isto é, tinha uma função especial perante o trono de Deus (Ezequiel 28.12-15).

- O orgulho corrompeu sua sabedoria (Ezequiel 28.17) e ele passou a aspirar ao trono de Deus, isto é, quis ser igual a Deus.

> Você, que dizia no seu coração:
> "Subirei aos céus:
> erguerei o meu trono
> acima das estrelas de Deus:
> eu me assentarei no monte da
> assembléia,
> no ponto mais elevado do monte
> santo.
> Subirei mais alto
> que as mais altas nuvens;
> serei como o Altíssimo".
>
> Isaías 14.13,14

- Em seu estado anterior à queda, Satanás era ungido, isto é, tinha o Espírito Santo. Quando ele pecou, portanto, foi contra a unção, isto é, cometeu o pecado imperdoável contra o Espírito Santo (Marcos 3.29).
- Por causa de sua rebelião, foi expulso e posto em desgraça (Ezequiel 28.16) e lançado sobre a terra (Isaías 14.12; Lucas 10.18).
- Agora Satanás é Belzebu ("Baal é príncipe"), o príncipe ou governante (*archon*) dos demônios (Mateus 12.24). Também é chamado de o príncipe deste mundo (João 12.31; 14.30) e de o deus desta era (2Coríntios 4.4). Além do mais, ele é o "príncipe da potestade do ar, do

espírito que agora atua nos filhos da desobediência" (Efésios 2.2 — *ARA*). O significado aqui expresso é o de que ele controla a atmosfera, ou o ambiente, do mundo decaído.

- No que diz respeito à igreja, Satanás é o seu inimigo (1Pedro 5.8), o acusador e o Diabo (Apocalipse12.10; Efésios 4.27), o enganador e pai da mentira (2Coríntios 11.13,14; João 8.44) e o tentador (1Tessalonicenses 3.5).
- Seu caráter se revela em seus nomes. Por isso, ele é "o Maligno" (Mateus 13.38; Efésios 6.16; 1João 5.19); Apoliom, "o anjo do abismo", destruidor (Apocalipse 9.11), Belial, o espírito da indignidade e do vazio (2Coríntios 6.15) e o homicida (João 8.44). As imagens de animais empregadas para descrever Satanás são a serpente (Gênesis 3.1ss; 2Coríntios 11.3), o dragão (Apocalipse 12.9; 13.2; 20.2) e o leão predador rugindo (1Pedro 5.8).
- Por fim, entre os recursos de Satanás mencionados na Bíblia, estão um trono, ou assento do poder (Apocalipse 2.13; 16.10), fortalezas (2Coríntios 10.4) e meios secretos de atuação ("mistério da iniqüidade" e "profundos segredos"), entre os quais se encontram o poder de realizar sinais e milagres falsos (2Tessalonicenses 2.7-9; Apocalipse 2.24).

As hostes de anjos caídos

Satanás não é onipotente nem onipresente, por isso age por intermédio de uma hoste de anjos caídos, um número talvez equivalente a um terço das hostes celestiais, que o acompanhou em seu ato de rebelião (Apocalipse 12.4; 2Pedro 2.4). Esses seres também são chamados de demônios (Mateus 9.33,34; Lucas 8.27ss.) e espíritos malignos ou espíritos impuros (Lucas 8.29; Marcos 9.25).

O exército de seres espirituais malignos, organizados numa hierarquia de estruturas de poder demoníaco, dependentes, por sua vez, do poder de Satanás, exerce influência sobre o sistema mundial. Esses demônios influenciam, manipulam e controlam as estruturas de poder, reforçando sua rebelião contra Deus e usando-as como instrumentos de maldade e opressão.

Leia a seguir quais as formas dessas estruturas:

Potestades geopolíticas e geográficas, ou potestades territoriais

Governantes deste mundo (kosmokrator: Efésios 6.12), ou *príncipes desta era*. Essas são as ordens de poder mais altas sob o poder direto do próprio Satanás e são as que evidentemente estiveram engajadas no confronto mais crucial de todos — a trama da morte de Jesus (João 14.30; Lucas 22.53; 1Coríntios 2.6-8).

Principados, reinos e governos (archontes). São esses os poderes que se exercem sobre os territórios, é possível que sejam os deuses das nações ou os "filhos de Deus", mencionados em Jó 1.6 e 38.7.

> Quando o Altíssimo deu às nações
> a sua herança,
> quando dividiu toda a humanidade,
> estabeleceu fronteiras para os povos

de acordo com o número
dos filhos de Israel[a]

Deuteronômio 32.8

Esses poderes angelicais constituídos inicialmente para vigiar as nações, ao que parece, caíram depois da rebelião de Satanás e passaram a viver sob influência dele (Salmos 82.1,2). São mencionados em Daniel 10.13,20 como o "príncipe da Pérsia" e o "príncipe da Grécia".

- *Autoridades* (*archon*: Colossenses 1.16; Efésios 1.21; 3.10; 6.12). Essas hostes talvez sejam das ordens mais inferiores e mais numerosas e que dominam sobre regiões, cidades e territórios específicos.

Poderes sobre as esferas de influência

Outra maneira de ver essas ordens é considerar suas ligações com áreas de interesse funcional, e não áreas de interesse geográfico. Podemos classificá-las *grosso modo* em quatro categorias:

- *Soberanias ou domínios* (*kuriotes*: Colossenses 1.16; Efésios 1.21). Trata-se de agências de representação demoníaca em determinadas áreas de influência cultural e social. Por exemplo, as ideologias pedagógicas ou filosóficas dos meios de comunicação, os sistemas

[a] A versão bíblica citada no original, *Revised Standard Version* - RSV, diz "filhos de Deus". Nossas versões brasileiras mais usuais trazem "filhos de Israel". Entretanto, a NVI indica em nota de rodapé que os Manuscritos do Mar Morto trazem a expressão "filhos de Deus". (N. do T.)

jurídicos, a música, os entretenimentos, as artes de modo geral etc.

- *Poderes* (*dunamis*: Romanos 8.38, 1Pedro 3.22; Colossenses 1.16). Uma grande variedade de poderes controladores que dominam instituições específicas, grandes e pequenas — empresas comerciais, estabelecimentos de ensino, organizações de assistência social, órgãos do governo, sociedades, clubes e associações de todos os tipos.
- *Autoridades* (*exousia*: Colossenses 2.15; Efésios 3.10). Seres com o direito, a eles delegado de uma instância superior, de exercer autoridade, isto é, representar uma fonte de poder e agir em seu nome.
- *Forças espirituais* (*pneumatikos*) *do mal nas regiões celestes* (Efésios 6.12). Essas forças estão diretamente relacionadas com a atividade na esfera do espírito, como, por exemplo, falsa profecia, falsas religiões e doutrinas heréticas, ocultismo, bruxaria e artes mágicas, milagres falsos e sinais enganadores (Jeremias 14.14; Ezequiel 13.20-23; Atos 3.6; 1João 4.1 etc.).

Capítulo 4

Cristo e os poderes demoníacos

Apesar da Queda e da rebelião da humanidade, Deus não abandonou sua criação. A Encarnação de Cristo é, na verdade, o compromisso definitivo de Deus para com a obra de suas mãos. O Filho de Deus se fez parte da ordem criada para redimi-la e resgatar seu propósito original. O significado e a importância disso para a cidade, isto é, para os principados e as estruturas de poder, é que não devemos rejeitá-la, abandoná-la, nem sair da cidade porque:

- Apesar do estado decaído e de rebelião das estruturas de poder, Deus as mantém em existência. Se assim não fosse, a sociedade teria mergulhado no caos (Romanos 13.1-6).
- Os poderes demoníacos são o objeto do juízo divino, mas as estruturas de poder são o objeto da redenção. Isto é, não são apenas parte de "todas as coisas" da criação, de Colossenses 1.16,17, mas também fazem parte de "todas as coisas" da reconciliação, de Colossenses 1.20.

- Desarmadas do espírito de rebelião e libertas do controle demoníaco, as estruturas de poder e seus dons são necessários para a era vindoura (1Coríntios 15.24-28; Efésios 1.10; Apocalipse 21.24-26).

Agora temos de ver como a destituição do espírito rebelde e a recuperação dos poderes têm-se efetuado.

Os poderes e a Palestina do primeiro século

Em Gálatas 4.4, Paulo, referindo-se à Encarnação de Cristo, diz: "... quando chegou a plenitude do tempo, Deus enviou seu Filho...". Em outras palavras, Jesus veio ao mundo num momento especialmente importante da história da humanidade. Quando, porém, observamos a Palestina do primeiro século, onde nasceu o Filho de Deus, deparamos com uma característica que recebeu muito pouca atenção — Jesus veio ao mundo numa nação que estava dominada pelos principados e potestades:

- ***A Palestina estava sob o domínio de uma forte potência militar***, o Império Romano. Israel era uma região ocupada, as tropas estrangeiras tinham completo controle da nação.
- ***Estava sob um poder religioso legalista.*** A sinagoga e o Sinédrio eram tão intolerantes que procuraram assassinar Jesus somente porque ele havia curado um enfermo no sábado.
- ***A nação estava subjugada pelo rígido e opressivo poder econômico e civil*** dos herodianos, que recolhiam os impostos e mantinham a maioria da população num

detestável estado de pobreza para financiarem seu estilo de vida luxuoso e perdulário e seus projetos de construções grandiosas.

- ***Ainda mais desfavorável era o fato de o país estar sob um poder demoníaco*** mais longo que de costume. Quando lemos o Antigo Testamento, encontramos muito poucas referências a espíritos malignos e raros exemplos de pessoas endemoninhadas, além dos médiuns, astrólogos e adivinhos. Quando, porém, nos voltamos para os Evangelhos, esses espíritos malignos estão em todo lugar, e a expulsão de demônios era uma parte expressiva do ministério público de Jesus. As evidências indicam uma invasão maciça de demônios à nação, como se Satanás estivesse esperando um ataque em seu domínio e estivesse se preparando para o contra-ataque.

Jesus e as potestades

Quando Jesus viveu entre nós em forma humana, levou uma vida de completa independência do jugo das potestades. As potestades nada podiam fazer com ele. Nenhum de nós é livre como Jesus foi livre. Podemos ser controlados por um destes dois sentimentos, a ganância ou o medo, isto é, fugir da frigideira e cair no fogo. As potestades são convencidas de que todo ser humano tem um preço e todo ser humano tem seu ponto fraco.

Mas o que fazer com um homem como Jesus? Ele não tinha nem um pouco sequer de ganância.

> As raposas têm suas tocas e as aves do céu têm seus ninhos, mas o Filho do homem não tem onde repousar a cabeça.
>
> Mateus 8.20

No entanto, ele poderia ter tido tudo o que desejasse. Quando o Diabo lhe ofereceu os reinos do mundo em troca de sua adoração, isso não fez nenhum sentido. Jesus podia ter tomado o mundo e o controle sobre ele no momento que quisesse, e nem era por nenhum poder divino, mas pela pura força moral de uma vontade humana singular completamente íntegra e incorruptível. Não temos a mínima idéia da energia moral que Jesus podia ter gerado se quisesse. Ninguém teria conseguido resistir a ele. Jesus poderia ter entrado no senado de Roma e dito a César: "Saia desse trono. Eu assumi o controle do mundo". Ele, porém, não fez isso. Procurava algo mais nobre. Tinha vindo para acabar com o problema do pecado para sempre, e isso exigia a cruz.

Jesus também não tinha medo de nada. No barco com os discípulos, durante uma tempestade incitada pelo Demônio, que lhes causou terror irracional, a reação do Mestre quando despertado do sono foi: "Por que vocês estão com tanto medo?" (Mateus 8.26). O que se faz com um homem que não tem ganância nem medo? Não se pode fazer nada.

- Jesus demonstrava sua liberdade do poder da sinagoga curando no dia de sábado. Lemos que ele viajou por toda a Galiléia, pregando nas sinagogas, curando os doentes e expulsando demônios (Mateus 4.23; Marcos 1.39). Se ele fez isso nas sinagogas, sempre foi no sábado. Por que Jesus fazia milagres deliberada e constantemente no dia de sábado (Mateus 9.35;

12.9-13; Marcos 6.1-4; Lucas 13.10-16; 14.1-4; João 5.6-10; 9.1-16)? Ele estava se recusando a submeter-se ao espírito da sinagoga.

- Alguns fariseus vieram até Jesus certa vez e o aconselharam a se esconder porque Herodes queria matá-lo. Qual foi a resposta de Jesus? "Vão dizer àquela raposa: 'Expulsarei demônios e curarei o povo hoje e amanhã, e no terceiro dia estarei pronto' " (Lucas 13.32). Ele se recusou a submeter-se ao poder civil e econômico do palácio de Herodes.
- Quando Jesus se apresenta perante Pilatos, o governador romano pergunta: " 'Você se nega a falar comigo? Não sabe que eu tenho autoridade para libertá-lo e para crucificá-lo?' ". A resposta de Jesus mostrou quem era o Mestre. "Não terias nenhuma autoridade sobre mim, se esta não te fosse dada de cima" (João 19.10,11). Sem sombra de dúvida, foi Pilatos que ficou com medo.
- Ainda mais impressionante foi Jesus enfrentar o homem forte, o próprio Satanás (Mateus 4.1-11). Ali nas condições mais desfavoráveis, não num jardim como o Éden, mas no deserto, não com o físico descansado, mas depois de quarenta dias de jejum, Jesus deparou com toda a sutileza e todo o poder do arcanjo caído, não em uma tentação, mas em três, e saiu vitorioso. Jesus enfrentou Satanás cara a cara, como o Homem cheio do Espírito, e deixou bem clara de uma vez por todas sua ascendência moral sobre o Diabo. A partir daí, em seu ministério ele expulsou demônios com a

> palavra; depois de amarrar o homem forte em sua casa, ele prossegue e toma seus bens (Mateus 12.25-29).

Jesus ensinou as mesmas liberdades a seus discípulos — não ter medo do poder da sinagoga nem das autoridades governantes (Lucas 12.4-11), não ter medo do poder dos bens materiais e de sobrevivência econômica (Mateus 6.25-35) e, por fim, não ter medo do poder de Satanás (Lucas 10.18-20).

A rendição aos poderes

Depois, no final dos três anos de ministério de Jesus, chegamos a um incrível paradoxo — **Jesus se rende aos poderes.** O poder religioso o prende sem que haja resistência, interroga-o e condena perante o Sinédrio por blasfêmia, entregando-o em seguida ao poder militar. Este procura transferir a tarefa para o poder civil e envia Jesus a Herodes. Quando, por fim, ele é enviado de volta a Pilatos, o poder de Roma o açoita brutalmente e o crucifica. O poder econômico o despe, deixando-o nu na cruz, e põe suas roupas como prêmio de uma aposta.

Houve, porém, algo ainda mais estranho — Jesus se rendeu ao poder satânico. Ele disse: "Essa, porém, é a vossa hora e o poder das trevas" (Lucas 22.53 — *ARA*). No momento em que o céu se escureceu quando Jesus estava pregado na cruz, não foi a natureza que escondeu o rosto dele, foi a hora e o poder das trevas. Houve uma hora em toda a eternidade, um lugar em todo o Universo, que Satanás deve ter pensado que tinha tudo sob seu controle. Ele tinha o *Logos*, o eterno Filho de Deus, uma vítima voluntária e indefesa em suas mãos e o crucificou.

A vitória da cruz

A cruz foi a derrocada de Satanás. Ele jamais havia imaginado e só descobriu tarde demais o que aconteceria na cruz, pois mesmo ao morrer Jesus conservou sua liberdade, sua vida não lhe foi tirada, ele a entregou (Lucas 23.46).

No capítulo 2 de 1Coríntios, Paulo trata da sabedoria misteriosa de Deus revelada na cruz e, em seguida, declara:

> Nenhum dos poderosos desta era o entendeu, pois, se o tivessem entendido, não teriam crucificado o Senhor da glória.
>
> 1Coríntios 2.8

Os "poderosos desta era" são os poderes terrenos demoníacos que tramaram a morte de Jesus. Paulo está dizendo que, se Satanás tivesse tido a mínima idéia do que ia acontecer por meio da cruz, ele teria acabado com todas as árvores da Palestina para que nenhuma sequer pudesse ser usada para fabricar uma cruz para Jesus!

Qual foi a sabedoria da cruz?

- Quando Jesus morreu em nosso lugar, o poder destrutivo do pecado e a penalidade da lei que havia contra nós foram anulados.

> Quando vocês estavam mortos em pecados e na incircuncisão da sua carne, Deus os vivificou com Cristo. Ele nos perdoou todas as transgressões, e cancelou a escrita de dívida, que consistia em ordenanças, e que nos era contrária. Ele a removeu, pregando-a na cruz.
>
> Colossenses 2.13,14

- A morte e a ressurreição de Jesus destituíram Satanás de sua arma mais forte contra nós, o poder da morte, e desse modo o desarmou definitivamente.

> Visto, pois, que os filhos têm participação comum de carne e sangue, destes também ele, igualmente, participou, para que, por sua morte, destruísse aquele que tem o poder da morte, a saber, o Diabo, e livrasse todos que, pelo pavor da morte, estavam sujeitos à escravidão por toda a vida.
>
> Hebreus 2.14,15 (*ARA*)

O verbo "destruir" corresponde ao grego *katargeo*, que significa literalmente "reduzir à inatividade", portanto, "abolir, desarmar, deixar sem poder ou anular".

- Jesus também desarmou os poderes e as autoridades.

> E, tendo despojado os poderes e as autoridades, fez deles um espetáculo público, triunfando sobre eles na cruz.
>
> Colossenses 2.15

A imagem aqui é uma alusão ao triunfo romano, quando os inimigos vencidos eram conduzidos numa parada pública atrás do vencedor. Nesse sentido, os poderes foram expostos, despidos, desarmados e desmascarados pela morte e pela ressurreição de Jesus.

Que poderes foram desarmados?

Surge, assim, a pergunta: Que poderes foram desarmados? As estruturas de poder, representadas pela cidade, ou os poderes demoníacos, representados pelo anjo que vigia a cidade?

A resposta é — ambos! Jesus confirmou sua autoridade tanto sobre os poderes demoníacos quanto sobre as estruturas de poder, de forma que pôde dizer:

> Foi-me dada toda a autoridade nos céus e na terra [eterna e temporal, espiritual e secular].
>
> Mateus 28.18

A importância disso é vital.

- Significa que há autoridade no nome de Jesus para nos capacitar a prender os poderes demoníacos na esfera espiritual e expulsá-los das estruturas, abrindo, portanto, as estruturas para a mudança.
- Também significa que nós podemos desafiar a rebeldia dos poderes espirituais com os direitos do senhorio de Jesus Cristo, e eles acabarão necessariamente se rendendo. É isso que torna possível a mudança cultural verdadeira.

> ... Jesus Cristo, que subiu aos céus e está à direita de Deus; a ele estão sujeitos anjos, autoridades e poderes.
>
> 1Pedro 3.21,22

A fonte da vitória da cruz

Ainda nos falta perguntar o que houve na morte de Jesus na cruz que derrotou por completo os poderes. Não foi a morte em si que alcançou a vitória, nem foi sua rendição aos poderes. O mal não é vencido por simples rendição à sua perversidade, como se sua vontade enfim tivesse se fartado com a carta branca que recebeu para se satisfazer ao máximo.

O poder que há na morte de Jesus é o fato de esta ter sido morte em obediência.

> E, sendo encontrado
> em forma humana,
> humilhou-se a si mesmo
> e foi obediente até a morte,
> e morte de cruz!
>
> Filipenses 2.8

O que move os principados e as potestades é a energia da rebelião contra Deus. Jesus enfrentou essa rebelião com obediência insuperável à vontade do Pai. Todos os esforços das potestades se dirigiram a um fim, atiçar no coração humano de Jesus uma chama de resistência à vontade do Pai, uma chama de autodefesa e resistência ao destino que ele mesmo escolheu. O tratamento que deram a Jesus não pode ser explicado por nenhuma outra fonte a não ser as horas de interrogatório, a tortura brutal e sádica e a zombaria dirigida a um homem condenado à morte, o sarcasmo da provocação que lhe dirigiram, mandando-o descer da cruz.

Mas os planos dos poderosos foram frustrados. Jesus cumpriu tudo com obediência, obediência e mais obediência, até que por fim os poderes e autoridades não pudessem continuar. Sua obediência suprema esgotou a rebelião dos poderes e autoridades até que estas batessem em retirada, vencidas, debilitadas, neutralizadas e sem poderes. No final, até a morte teve de render-se, e Jesus ressuscitou triunfante dos mortos e do Hades.

Agora reina e reinará até que todas as estruturas de poder sejam expurgadas de sua rebelião e reconheçam seu senhorio.

Capítulo 5

A redenção restaura a criação

No capítulo anterior vimos um pouco do triunfo da cruz sobre os principados e as potestades, os estruturais e os demoníacos. Agora precisamos estudar o que isso significa para os poderes em si.

O propósito de Deus na redenção tem dois aspectos:

1. Restaurar toda a criação, juntamente com o homem como seu administrador, a seu estado original, isto é, sob a liderança de Cristo.

> ... de fazer convergir em Cristo todas as coisas, celestiais ou terrenas, na dispensação da plenitude dos tempos.
>
> Efésios 1.10

2. Não apenas para restaurar a criação a seu estado original, mas também para transformá-la na arena de demonstração da glória do Pai na era vindoura.

> ... de que a própria natureza criada será libertada da escravidão da decadência em que se encontra, recebendo a gloriosa liberdade dos filhos de Deus.
>
> Romanos 8.21

> Mas a terra se encherá do conhecimento
> da glória do Senhor,
> como as águas enchem o mar.
>
> Habacuque 2.14

Todas as excelentes palavras de salvação têm esse tema comum, de restaurar algo a seu estado ou propósito original.

- ***Redenção*** é trazer de volta para a liberdade aqueles que foram escravizados.
- ***Regeneração*** é dar de volta a vida a algo que havia morrido.
- ***Reconciliação*** é trazer de volta para a harmonia aqueles que estão em conflito uns com os outros.
- ***Restauração*** é recuperar o estado antigo que se havia perdido. A própria salvação tem o sentido de recuperar ou trazer de volta para a segurança algo que está em perigo.

Qual é o alcance da redenção?

A resposta a essa pergunta é que a salvação recupera tudo quanto se perdeu pelo pecado. O sangue de Jesus alcança tudo aquilo que foi atingido pelo pecado, o qual arruinou não apenas a humanidade, mas também toda a ordem criada.

> Sabemos que toda a natureza criada geme até agora, como em dores de parto.
>
> Romanos 8.22

Os problemas de difícil tratamento da sociedade não são simplesmente a pecaminosidade do homem decaído. Existe o mal estrutural, um mal nos sistemas. Todas as estruturas da sociedade, a cidade, os principados e as potestades, também estão danificados pelo pecado.

Mas, se o pecado penetrou o tecido social, o sangue de Cristo também penetra — "onde aumentou o pecado, transbordou a graça" (Romanos 5.20). A igreja insiste, e com toda razão, que a salvação não é uma questão individual, ela deve afetar radicalmente meu casamento e meu relacionamento familiar. Entretanto, o casamento e a família são apenas um elo de toda uma corrente de relacionamentos que constituem a vida. Por que demarcar a família como limite para a redenção? Por que não meu trabalho, minha vida na comunidade ou meu partido político?

De fato, não há nenhum aval bíblico para excluir qualquer uma dessas áreas, muito pelo contrário. A terra está incluída, bem como a restauração da cidade.

> "Se o meu povo, que se chama pelo meu nome, se humilhar e orar, buscar a minha face e se afastar dos seus maus caminhos, dos céus o ouvirei, perdoarei o seu pecado e curarei a sua terra" (2Crônicas 7.14).

Isaías 61 é a passagem que Jesus leu em voz alta na sinagoga em Nazaré.

> O Espírito do Soberano, o Senhor,
> está sobre mim,

porque o Senhor ungiu-me
para levar boas notícias aos pobres.
Enviou-me para cuidar dos que estão
com o coração quebrantado,
anunciar liberdade aos cativos
e libertação das trevas aos
prisioneiros,
para proclamar o ano da bondade do Senhor...

Isaías 61.1,2

Jesus parou aí por seus propósitos. Nós prosseguimos e aplicamos os versículos a seguir a muito do que tem ocorrido na renovação carismática:

... para consolar todos os que andam
tristes,
e dar a todos os que choram em Sião
uma bela coroa em vez de cinzas,
o óleo da alegria em vez de pranto,
e um manto de louvor
em vez de espírito deprimido.
Eles serão chamados
carvalhos de justiça,
plantio do Senhor,
para manifestação da sua glória.

Isaías 61.2,3

Nós paramos por aqui, mas a profecia não pára conosco, prossegue com os verbos no tempo futuro, isto é, indicando que, depois de tudo o que foi mencionado

Eles reconstruirão as velhas ruínas
e restaurarão os antigos escombros;

renovarão as cidades arruinadas
que têm sido devastadas
de geração em geração.
Gente de fora vai pastorear
os rebanhos de vocês;
estrangeiros trabalharão
em seus campos e vinhas.
Mas vocês serão chamados
sacerdotes do Senhor,
ministros do nosso Deus.

Isaías 61.4-6

A mensagem é bem clara. Quando recebermos o óleo da alegria e o manto de louvor, nós seremos chamados de plantio do Senhor.

Entretanto, quando reconstruirmos as cidades arruinadas, nós seremos chamados de sacerdotes do Senhor e ministros do nosso Deus.

Libertação e bênção

Existem dois temas bíblicos de salvação preeminentes:

1. ***A salvação como libertação.*** Cristo "nos resgatou do domínio das trevas" (Colossenses 1.13) e do Diabo (Hebreus 2.14). Deus vai nos libertar de todos os nossos problemas (Salmos 34.19) e de todos os nossos inimigos (Salmos 18.16-19).
2. ***A salvação como bênção.*** Cristo nos traz a bênção da vida eterna (Efésios 2.5), do perdão (Colossenses 1.14), da santificação (1Pedro 1.2), da cura (Atos

dos Apóstolos 10.38), da condição de filhos de Deus (Gálatas 4.5) e de herdeiros seus (Efésios 1.14).

A salvação da cidade implica tanto a libertação quanto a bênção.

- ***Os principados demoníacos que estão sobre a cidade têm de ser depostos.*** Eles são objeto de juízo, não de redenção. Temos de aprender, não apenas a expulsar demônios de pessoas, mas também a expulsá-los das estruturas, a fim de que as estruturas de poder sejam recuperadas. Essa é a esfera da guerra espiritual estratégica (Nível 3), de que trataremos no capítulo 8.
- ***As estruturas de poder têm de ser reivindicadas*** porque elas são objeto de redenção, não de destruição. Isso implicará:
  - Guerra espiritual para dominar a rebelião e as atividades injustas delas e acabar com suas pretensões idólatras.
  - Desafiá-las com o senhorio de Cristo e chamá-las de volta para cumprirem seu destino próprio de servas de Jesus Cristo. Essa é a esfera da mudança organizacional redentora, de que trataremos no capítulo 7.

O destino final dos poderes

Nossa atual reação para com a cidade e os poderes que ela simboliza vai depender em grande parte de qual é nossa perspectiva para o futuro. Há pouco incentivo para gastar tempo e trabalho com uma causa perdida.

Felizmente, os poderes não são uma causa perdida — eles fazem parte de "todas as coisas" da criação (Colossenses 1.16). A destruição ou aniquilação deles na consumação de todas as coisas (Efésios 1.10) indicaria não uma vitória para Deus, mas uma derrota. Eles, porém, são, como já vimos, parte de "todas as coisas" da reconciliação e são necessários para a era vindoura, quando os veremos submissos à verdadeira Cabeça, Jesus Cristo, que está assentado à mão direita de Deus nos reinos celestiais.

> Muito acima de todo governo e autoridade, poder e domínio, e de todo o nome que se possa mencionar, não apenas nesta era, mas também na que há de vir.
>
> Efésios 1.21

Na era atual, vivemos na tensão gerada pelo fato de o Reino de Deus estar aqui, mas ainda não estar aqui: está presente em princípio, mas ainda não presente em plenitude.

Se observarmos a obra redentora de Deus no indivíduo e sua obra redentora na cidade, descobriremos que elas são análogas. Em cada uma há dois estágios distintos, que podem ser definidos como:

1. A obra contínua de Deus, e
2. A obra descontínua de Deus.

No indivíduo

A obra contínua de Deus é a obra de santificação. Com ela estamos sendo transformados progressivamente pelo Espírito Santo para ficar com o caráter cada vez mais semelhante ao de

Jesus Cristo (Romanos 8.29; 2Coríntios 3.18). Isso ocorrerá durante toda nossa vida.

A obra descontínua de Deus é a obra de glorificação. Ela ocorrerá quando morrermos ou quando Jesus voltar. É uma mudança radical instantânea e impressionante e porá fim à obra de santificação. Num momento, num piscar de olhos, seremos transformados, o mortal será revestido de imortalidade, o corpo natural se transformará em corpo espiritual de poder e glória, e nós seremos semelhantes a Jesus, porque o veremos como ele é (1João 3.2; 1Coríntios 15.42-44, 52-54; 2Coríntios 5.4; Filipenses 3.21). Lemos as palavras, mas o que elas procuram transmitir é quase inimaginável.

Nos poderes e nas autoridades

A obra contínua de Deus na cidade é a obra de restauração. A cidade se rebela, será destruída. A cidade se arrepende, como Nínive (Jonas 3.1-10) e é reconstruída, como Jerusalém (Neemias 2.5-6.15).

A obra descontínua de Deus é a obra de transformação. No final, a cidade transformada, a Nova Jerusalém, virá de Deus, do céu (Apocalipse 21.2-27). É uma cidade de beleza e esplendor inimagináveis e

> As nações andarão em sua luz, e os reis da terra lhe trarão a sua glória. Suas portas jamais se fecharão de dia, pois ali não haverá noite. A glória e a honra das nações lhe serão trazidas.
>
> Apocalipse 21.24-26

Qual deve ser nossa reação no momento atual?

Neste ponto temos de lidar com a dificuldade das opiniões escatológicas conflitantes. De fato, uma hipótese diz que os poderes (a cidade) estão além da redenção ou existem tão-somente para que se testemunhe contra eles, ou a restauração deles não é assunto nosso porque Cristo vai tratar de tudo isso na sua segunda vinda. Isso é como dizer que nossa luta contínua contra o pecado e a falta individuais não tem esperança ou é desnecessária porque todos nós seremos perfeitos enfim quando Jesus vier. As Escrituras não dão aval a essa interpretação.

A outra hipótese diz que é responsabilidade nossa cristianizar o mundo inteiro e toda a estrutura institucional da sociedade para, então, Jesus poder voltar e reinar.

Isso equivale a dizer que nós ficaremos cada vez mais santificados e cada vez mais perfeitos até um dia estarmos bons demais para esta terra, ocasião em que Jesus terá de nos levar para o céu.

A verdade está entre esses extremos.

É evidente pelas Escrituras e pela experiência que é possível, antes da volta de Jesus, haver pessoas redimidas que ainda não estejam aperfeiçoadas, mas que estarão radicalmente transformadas em relação ao que eram antes.

Da mesma maneira, é possível, antes da volta de Jesus, haver organizações comerciais redimidas mas não perfeitas, sistemas econômicos e instituições educacionais redimidos mas não perfeitos, cidades redimidas mas não perfeitas e nações redimidas mas ainda não perfeitas.

É para as implicações práticas dessas afirmações que agora voltamos nosso estudo.

Capítulo 6

O convívio com os principados e as potestades

De que forma, então, como cristãos, devemos viver nessas estruturas de poder? Para viver nesses poderes, precisamos nos manifestar de uma forma ou de outra. Um jeito prático de tratar dessa questão é voltar aos três níveis mencionados no capítulo 1:

- Nível 1: Nível individual ou pessoal
- Nível 2: Nível supra-humano ou estrutural
- Nível 3: Nível sobrenatural ou demoníaco

O indivíduo e os poderes

Este é o nível mais comum em que experimentamos a realidade de principados e potestades. Nós os encontramos no comércio, na escola, nos hospitais e em departamentos do estado, em clubes e na igreja local. Estamos cercados por eles em todos os setores de nossa vida. A seguir, alguns pontos importantes para lembrar:

- Por mais decaídos que estejam os poderes, podemos viver e trabalhar neles e, como Daniel e José, trabalhar para suas finalidades legítimas e chegar a postos de autoridade e influência sobre eles. Além do mais, quando fazemos isso, devemos servir com coração sincero, como se estivéssemos servindo ao Senhor, não aos homens (Efésios 6.5-7) e dar a cada um o que lhe é devido, quer impostos, quer pagamentos, quer respeito, quer honra (Romanos 13.7).
- Porém, ao mesmo tempo em que vivemos nos poderes e trabalhamos para seus objetivos, também vivemos sob o senhorio de Cristo. Isso nos garante nossa liberdade moral. Portanto, não devemos nos render ao espírito de idolatria dos poderes, mas andar com fé e em obediência, como Sadraque, Mesaque e Abede-nego (Daniel 3.1ss.), e o próprio Daniel (Daniel 6.1ss.). Isso significa que
  - não devemos extrair nossos padrões morais nem nossos sistemas de valores dos principados e das potestades, nem permitir que eles diluam nossos valores cristãos de maneira tal que estes se conformem com a ideologia deste mundo. Leia novamente a análise bíblica do caráter da cidade (capítulo 2) e para saber por que precisamos ter a mente continuamente renovada pelo Espírito Santo e pela Palavra de Deus (Romanos 12.2).
  - jamais devemos permitir que os poderes passem a ser a autoridade final sobre nossa vida, como eles sempre tentam ser. Na verdade, se você se render ao espírito de uma organização, poderá violar

todas as suas regras e ainda assim ela cuidará de você. Se você se recusar a render-se ao espírito de uma empresa, poderá cumprir todas as suas regras, mas ele tentará se ver livre de você ou destruí-lo. Somente nossa submissão espontânea ao senhorio de Cristo garante nossa liberdade perante os poderes. Se nos curvarmos a Cristo, não precisaremos nos curvar diante de César.

– devemos estar preparados de forma realista para o fato de que, de vez em quando, nós também sofreremos ataques espirituais de principados e potestades demoníacos. Lembre-se de que o ataque na maioria das vezes virá por meio de pessoas, mas as pessoas jamais são o inimigo. É sempre necessário ter bom discernimento para identificar a verdadeira origem do ataque (Mateus 16.21-23). Além disso, precisamos entender os princípios da guerra defensiva para preservar nosso território.

Guerra espiritual defensiva

Esse tópico está mais bem explicado na Parte 3.

As situações em que há mais probabilidade de sofrermos ataque espiritual de principados e potestades demoníacos podem ser uma destas a seguir:

- Quando estivermos ameaçando as posses ou a posição do inimigo. Um cristão que esteja apenas e tão-somente sob o senhorio de Jesus representa uma terrível ameaça à onipotência imaginária das potestades estruturais e demoníacas.

- O inimigo está sondando para descobrir nossas fraquezas, porque Satanás acredita que todos nós temos um preço e pontos de vulnerabilidade.
- O inimigo está procurando desarmar nossas defesas, afastar-nos de Deus e dos outros cristãos e, se possível, seduzir e destruir-nos.

Os princípios da guerra defensiva

A seguir, estão os princípios mais importantes que devemos conhecer muito bem para vencer nas situações em que o inimigo está nos atacando.

1. Ocupar as posições de vantagem

As posições de vantagem são aquelas em que temos acesso ao poder, ao conhecimento e aos recursos de defesa. Observe a confiança de Davi na posição de vantagem espiritual da presença de Deus (Salmos 18. 2,3, 16-19; 27.5; 61.2,3 etc.). Nossas posições de vantagem são:

- Nosso lugar de revelação em Cristo.

> Deus nos ressuscitou com Cristo e com ele nos fez assentar nos lugares celestiais em Cristo Jesus.
>
> Efésios 2.6

(Ver também Efésios 1.18-23; Colossenses 3.1-4.)

- ***A vitória da cruz e a ressurreição de Cristo.***

No Novo Testamento, esse recurso é muitas vezes resumido na expressão "o sangue do Cordeiro" (Colossenses 2.15; Hebreus 2.14; Apocalipse 12.11).

- *Nosso lugar no Corpo de Cristo e nas relações pactuais que dele derivam* (Efésios 4.10-16).

Satanás sempre vai tentar nos arrancar de nossa posição de vantagem e nos fazer cair ao chão. Para isso, ele vai usar armadilhas, vai tirar proveito de nossa ignorância em alguma área ou tentará fazer-nos rebelar contra Deus.

2. *Construir um sistema de defesa eficaz*

Isso é de importância máxima. Nosso sistema de defesa deve ser eficaz e estar preparado de antemão. E nós devemos conhecê-lo muito bem. Observe os seguintes aspectos importantes:

- ***Cultivar uma atitude de confiança*** (Salmos 27.3; Jeremias 17.7). Lide com o medo. O medo destrói o ânimo (Deuteronômio 20.8) e costuma gerar exatamente aquilo que tememos (Jó 3.25). A solução para o medo é a mesma que a do servo de Eliseu: enxergar a verdadeira realidade da situação que enfrentamos:

> O profeta respondeu: "Não tenha medo. Aqueles que estão conosco são mais numerosos do que eles".
>
> 2Reis 6.16

Ou a de Paulo:

> Que diremos, pois, diante dessas coisas? Se Deus é por nós, quem será contra nós?
>
> Romanos 8.31

- ***Libertar-se das situações e dos relacionamentos difíceis que inibem a eficiência e nos deixam vulneráveis.***

Podem ser relacionamentos difíceis (2Coríntios 6.14), dificuldades financeiras (1Timóteo 6.9,10), hábitos debilitantes ou hábitos de pensamentos que esgotam nossas energias (Mateus 6.25-34; 1Coríntios 9. 25-27), atividades improdutivas que apenas complicam as coisas e os problemas, ou circunstâncias que não são de nossa responsabilidade (Hebreus 12.1).

- ***Compreender a importância da armadura de Deus.*** A armadura de Deus é um conjunto de condições de vida que Deus deseja criar em nós, condições que lhe permitam operar e impedir a ação de Satanás. Mas nós temos de "vestir" a armadura. Isso significa que as condições de vida funcionam apenas se nos apossarmos delas, elas não podem ser impostas a nós nem transmitidas. Temos de nos apropriar deliberadamente delas.

Há muitas condições de vida importantes para nosso caminhar cristão, mas as que são arroladas a seguir nos parecem vitais no que diz respeito à guerra espiritual:

– *Verdade* (Efésios 6.14; 2Coríntios 6.7). Quando a verdade age, ela expõe a inverdade e, desse modo, nos protege das mentiras e ciladas do Diabo (João 3.19-21).

– *Justiça.* Nossa relação pactual com Deus, por meio de Cristo, que nos garante a segurança e assegura a vitória (Efésios 6.14; 2Coríntios 6.7; Is 59.17).

– *Paz* (Efésios 6.15; Romanos 16.20). Não somente a paz com Deus, mas também a paz de Deus nos protege e guarda nosso coração e nossa mente (Filipenses 4.7; Colossenses 3.15).

- *Fé* (Efésios 6.16; 1Tessalonicenses 5.8). A fé é o elo criativo que permite a manifestação do poder de Deus no ser humano (1João 5.4).
- *Esperança* (Efésios 6.17; 1Tessalonicenses 5.8). Esperança é a expectativa confiante de alguma coisa boa, em outras palavras, a abertura que nos capacita a receber.
- *Amor* (1Tessalonicenses 5.8; 2Coríntios 6.6). O amor não só nos liga à vida de Deus, mas também é a vida de Deus, que vence o mundo (1João 5.2-5).
- *A palavra de Deus* (Efésios 6.17). Trata-se da *rhema*, a palavra reveladora e imediata do Espírito, com a qual Jesus venceu Satanás e sustenta todas as coisas que existem (Hebreus 1.3). Sua importância e eficiência são eternas, "a palavra (*rhema*) do Senhor permanece para sempre" (1Pedro 1.25).
- *Orar no Espírito* (Efésios 6.18); Jd 20). É importante para edificar e fortalecer o espírito humano.
- ***Analisar seus recursos.*** Avalie sua vida pessoal e sua experiência para descobrir:
- Seus pontos fortes espirituais, tudo aquilo que você sabe e faz bem. É disso que você precisa para edificar-se.
- Seus pontos fracos e vulneráveis. São os aspectos que você deve perceber para criar estratégias de proteção.

- Seus relacionamentos, as pessoas com quem você pode contar para apoiá-lo em momentos difíceis e com quem você pode trabalhar de fato.

• *Aprenda a lidar com a pressão espiritual.* Sob pressão ou ataque nós nos voltamos para nossas reações mais profundas — as coisas que conhecemos verdadeiramente e aquelas em que podemos confiar em toda e qualquer circunstância. O ataque e a pressão espirituais, porém, raramente dão aviso prévio, por isso, precisamos saber:
  - A natureza da verdade que constitui nosso chão seguro.
  - Retirar-nos instintiva e automaticamente para esse lugar seguro, o que é uma manobra bem realizada.

3. *Aprender com as experiências*

Queremos fazer mais do que apenas sobreviver aos ataques ou defender com sucesso nossa posição. Podemos aprender lições proveitosas com eles se ficarmos atentos:

- ao fato de que podemos descobrir nossas fraquezas, fraquezas que nos fazem pecar, e descobrir a graça para vencer da próxima vez;
- ao fato de que podemos descobrir onde estão nossas vulnerabilidades do ponto de vista de Satanás e desenvolver estratégias de proteção para rechaçar tais ataques;

- ao fato de que podemos experimentar a intervenção de Deus em nosso favor e edificar nossa fé e confiança para o futuro (2Coríntios 1.10);
- ao fato de que podemos adquirir habilidades espirituais de interdependência dentro do Corpo de Cristo, onde permanecemos unidos contra o inimigo (Efésios 6.19).

Capítulo 7

A redenção das estruturas de poder

Viver e trabalhar nas estruturas de poder conservando-nos livres da pressão para que nos conformemos com elas é importante. Ainda mais importante, porém, é restaurá-las a sua função de servas de Jesus Cristo, o Senhor. Isso é reconstruir as cidades arruinadas.

Devemos sempre nos lembrar de que estamos lidando com dois aspectos diferentes do mesmo problema:

1. A guerra espiritual contra os poderes demoníacos por trás das estruturas. As estruturas de poder, em todo caso, resistirão à mudança, mas os poderes demoníacos, se não forem enfrentados, vão reforçar a resistência desses poderes e causar esgotamento àqueles que procurarem alterar seu *status quo*.
2. A influência e a mudança organizacional redentora das estruturas de poder. As duas devem caminhar lado a lado, pois, se não nos engajarmos ativamente no trabalho em prol da transformação organizacional, toda nossa batalha espiritual será improdutiva ou até

contraprodutiva, como Jesus advertiu em Mateus 12.43-45. Um ponto geralmente não notado nessa passagem é que Jesus usou a analogia do homem possuído novamente pelos demônios para se referir ao estado de toda uma sociedade.

Identificar a natureza dos poderes

Nossa primeira tarefa é identificar a cultura empresarial ou o espírito do centro da cidade a fim de entender a espécie de poder que estamos procurando influenciar. Isso implica observação e investigação, especificamente nas seguintes áreas:

1. O ambiente físico

O estado dos edifícios, a infra-estrutura e os arredores físicos dizem muito acerca da natureza do poder, da mesma maneira que o estado de uma casa nos diz muito sobre seus habitantes. Por exemplo, se esses edifícios estão sujos, abandonados e em mau estado de conservação ou são claros, limpos e modernos; a cidade é uma selva de concreto árida e estéril; a decoração de uma casa é um amontoado de utensílios improvisados e de segunda mão ou de bom gosto e conservadora?

2. O que a cidade diz de si mesma

Trata-se da auto-imagem da cidade. Pode ser descoberta por meio de

- reportagens, informativos da imprensa, anúncios publicitários ou pronunciamentos de funcionários do governo etc.

- suas origens e o registro histórico
- ainda mais importante, a história não oficial e seus mitos, anedotas e lendas populares

3. Como ela recebe os estrangeiros

- Como o grupo "autóctone" se distingue do grupo "de fora".
- O que esses "naturais" do local dizem acerca dos "de fora" ou como eles os tratam. Os visitantes são bem-recebidos ou ignorados, valorizados ou tratados com ressentimento, tratados como visitantes ou como intrusos, admirados ou menosprezados, e assim por diante?

4. Os valores comuns

Valores comuns são os conceitos e convicções fundamentais amplamente aprovados e aceitos pela organização. Esses valores talvez não sejam nada do que se diz oficialmente, mas podem ser deduzidos

- das atividades em que as pessoas empregam a maior parte de seu tempo e energia
- das coisas consideradas importantes para o sucesso e a aceitação
- dos temas que conquistam a maior parte da atenção pública — a publicidade dos meios de comunicação, os orçamentos para a publicidade etc.

- dos assuntos de que as pessoas mais falam ou dos que geram mais polêmica — pesquisas de opinião, programas de debates, cartas à imprensa etc.
- dos eventos que atraem grandes multidões

5. Os heróis

Os heróis são indivíduos que personificam os valores comuns de uma cultura. Eles se encontram entre

- as pessoas preeminentes aos olhos do público por mostrar-lhe que é possível obter o sucesso
- as pessoas que proporcionam um modelo para as outras seguirem, imitarem ou almejarem ser semelhantes a elas
- as pessoas que ditam a moda de vestuário, comportamento e estilo de vida
- as personagens históricas e os folclores, os mitos e as lendas que os envolvem

6. Os rituais

Rituais são eventos expressivos que ajudam a sublinhar e comunicar os valores comuns de uma cultura, por exemplo:

- rituais sociais que mostram como ingressar naquela cultura ou que padrões sociais são aceitos nela
- rituais de reconhecimento, isto é, como o êxito e as realizações são reconhecidos ou recompensados

- espetáculos, como as comemorações, os festejos e os festivais

Agente de transformação organizacional — Neemias

Podemos encontrar um projeto bíblico bem detalhado para a transformação organizacional no livro de Neemias. Esse livro tem importância especial para nosso presente estudo porque trata da reconstrução da cidade. O templo tinha sido reconstruído por Esdras setenta anos antes, mas a cidade ainda estava em ruínas. Os últimos trinta anos da renovação carismática presenciaram uma sólida reconstrução da igreja, mas nossa sociedade, a cidade, está em ruínas.

A seguir, um resumo do método de Neemias. Ele tem ampla aplicação para as "cidades" em que vivemos e trabalhamos hoje em dia.

1. Cuidar da cidade

Quando Neemias ficou sabendo do estado da cidade de Jerusalém, ele se sentou e chorou, e passou dias lamentando (Neemias 1.4). John Greenleaf diz que o problema de nossa sociedade é que ninguém tem amor pelas instituições. Nós temos medo e não gostamos das estruturas de poder, ao mesmo tempo que lhes temos excessiva reverência somos repelidos por elas. Submetemo-nos a elas e às vezes somos seduzidos ou subornados por elas, mas não cuidamos delas. Cuidar não é nada mais, nada menos, que amar por meio de ações e, se quisermos transformar a cidade, precisamos cuidar dela do modo que um judeu cuidaria de Jerusalém.

Que a minha mão direita definhe,
ó Jerusalém, se eu me esquecer de ti!
Que a língua se me grude ao céu da
boca,
se eu não me lembrar de ti,
e não considerar Jerusalém
a minha maior alegria!

Salmos 137.5,6

2. *Orar pela cidade*

"Passei dias lamentando-me, jejuando e orando ao Deus dos céus..." (ver Neemias 1.4-11). A oração de Neemias contém duas revelações preciosas para os agentes de transformação das organizações:

- Ele identificou-se com o pecado da cidade. "Confesso os pecados que nós, os israelitas, temos cometido contra ti..." (Neemias 1.6). A cidade é uma entidade coletiva com um mal coletivo e, por fazermos parte de sua existência coletiva, dividimos a responsabilidade coletiva real por seus delitos.
- Ele estava disposto a fazer parte da resposta à sua oração (Neemias 1.11). A intercessão genuína com muita freqüência acarreta intervenção, mas a intercessão genuína também exige que o intercessor esteja disposto a ser aquele que realiza a intervenção.

3. *Fazer planos para a cidade*

Entre os acontecimentos do capítulo 1 e o capítulo 2 de Neemias, transcorreu um período de cerca de quatro meses.

Foi, então, que ele se apresentou perante o rei e a rainha. O que ele pediu, portanto, não foi conseqüência de um lampejo momentâneo, mas o fruto de semanas de oração e ponderada consideração. O que resultou dessa preparação foi:

- *Um grande ideal.* O que 50 mil judeus sob o comando de Zorobabel deixaram de realizar em setenta anos, Neemias decidiu que faria: "eu posso reconstruí-la" (Neemias 2.5). No que diz respeito a mudar uma autoridade ou reconstruir uma cidade, grande ou pequena, não realizaremos nada sem uma idéia grande suficiente para ir até as últimas conseqüências, e não apenas realizar mudanças cosméticas.
- *Uma meta de longo prazo.* O rei perguntou a Neemias quanto tempo demoraria a viagem dele, e Neemias fixou um tempo (Neemias 2.6). Compare Neemias 2.1 com Neemias 13.6 e vai descobrir que durou doze anos! A transformação de uma instituição leva tempo e, quanto mais radicais as mudanças, mais tempo se levará. Portanto, para obter êxito nessa tarefa, temos de nos comprometer com empenho e por muito tempo.

4. Morar na cidade

Com verdadeira aptidão para o que precisava ser feito, Neemias foi morar na cidade (Neemias 2.11). Jamais conseguiremos transformar uma instituição se não estivermos "dentro" dela, pois a mudança só pode vir de dentro. Morar na cidade exige uma disposição humilde, sem pressa de formar opinião e fazer julgamentos, e respeito para aprender os modos da cidade e participar de sua vida.

5. Conhecer a cidade

No tempo em que Neemias esteve na cidade, menos de uma semana, ele tomou conhecimento de seu estado e de seus problemas tão bem quanto qualquer morador:

- Ele enxergou os problemas com a objetividade e os olhos novos de um recém-chegado, não condicionado pela cultura a aceitar seu estado;
- Estudou a situação direta e pessoalmente a fim de poder tomar suas decisões sem as desculpas e justificativas dos habitantes; e ainda mais importante;
- Observou os problemas do ponto de vista de alguém que acreditava que podia vencer e pretendia agir.

6. Dar início a um movimento

A transformação radical de uma cultura ou da vida de uma organização sempre é atingida com um "movimento" com o objetivo específico de realizar as mudanças desejadas. Para lançar um movimento, não é necessária a adesão da maioria. Pode-se começar com uma pequena minoria dedicada. Uma vez iniciado, o movimento pode ganhar impulso próprio. O que Neemias fez foi apenas iniciar esse movimento. A seguir, sua estratégia, que pode ser aplicada a organizações de pequeno e de grande porte.

- Procurar os influentes (Neemias 2.16), as pessoas importantes, que ditam tendências e cujas opiniões contam muito.
- Procurar fazê-las enfrentar o problema (Neemias 2.17), mas não se esquecer que Neemias também tomou para si os problemas delas. Ele disse: "Vejam a situação terrível em que estamos". Não disse: "Vejam só o problema que vocês têm!". A identificação do agente de transformação com o problema é muito importante.
- Dar-lhes um ideal (Neemias 2.17). "Venham, vamos reconstruir os muros de Jerusalém, para que não fiquemos mais nesta situação humilhante". Não se esquecer, porém, que Neemias não estava apenas falando do ideal, ele já havia tomado algumas decisões essenciais que tornariam possível a concretização do ideal (Neemias 2.17,18).
- Fazer que elas mesmas se apropriem do ideal. "Eles responderam: 'Sim, vamos começar a reconstrução' " (Neemias 2.18). Este é o ponto essencial de qualquer movimento de transformação: é preciso que as pessoas que se engajam nele se apropriem do ideal. Desse modo, o ideal não será mais apenas do agente de transformação, mas será o ideal do movimento.

7. Estimular o crescimento do movimento de transformação

A seguir, as características que precisam ser identificadas e, depois, estimuladas e incentivadas:

- comprometimento pessoal dos indivíduos que acreditam que podem transformar seu ambiente imediato.
- recrutamento de amigos e colegas para contribuir com pequenos trabalhos, ou "oportunidades de potencial conquista" de mudança. O movimento bem-sucedido acumula um histórico de pequenos, mas observáveis êxitos na mudança de coisas até que gradativamente acumulam apoio para o crescimento (ver Neemias 3).
- expectativa e disposição de enfrentar oposições da ordem estabelecida. Quando um movimento está caminhando bem, a oposição e os ataques só reforçam sua determinação (Neemias 2.20; 4.1ss.).
- a disposição de partir para uma transformação fundamental e radical, e não uma mudança apenas superficial e periférica, além da capacidade de discernir a diferença. Neemias enfrentou a ameaça de oposição violenta, mas também a perturbação mais sutil de uma solução negociada (Neemias 6.1-9).

8. Reiterar, reforçar e repetir as metas sempre que necessário ao longo da tarefa

Mesmo quando a transformação estiver progredindo, a tarefa não terá terminado.

- o ideal tem de ser repetido e expresso da forma apropriada para cada estágio de evolução do movimento.

- as pessoas têm de ser constantemente estimuladas, motivadas, corrigidas e, às vezes, disciplinadas durante o processo (Neemias 4.14; 5.1-13).
- as dificuldades têm de ser enfrentadas, os problemas, resolvidos e o movimento representado para o mundo externo (Neemias 4.16-20).

9. Por fim...

Juntamente com a mudança radical e mesmo depois dela, existe o processo contínuo de reeducar e reorganizar a vida interna da cidade.

Os primeiros seis capítulos de Neemias tratam da reconstrução dos muros da cidade, os seis capítulos seguintes falam da tarefa ainda mais difícil de reformar o caráter da cidade. O último capítulo é uma advertência oportuna de que a tarefa jamais se completa nesta era e de que o retrocesso aos costumes antigos é uma possibilidade sempre presente.

CAPÍTULO 8

Batalha espiritual em nível estratégico

Lidar com o homem forte

Chegamos agora ao nível provavelmente mais grave do conflito: travar a batalha espiritual em nível estratégico contra os principados e as potestades demoníacos e manipular as estruturas de poder. A influência deles é observada em todos os níveis e com muita facilidade nas salas de reuniões de diretorias e nas salas de conselho, com a confusão de questões éticas, a flagrante amoralidade de algumas decisões e a sensação generalizada de que algo imensamente amplo está agindo por trás do cenário, manipulando as marionetes.

Lidar com esses poderes é questão de primeira ordem de importância, caso contrário, nosso empenho para recuperar as estruturas de poder para o Reino estará condenado ao fracasso. Jesus salientou isso quando disse:

> Ou, como alguém pode entrar na casa do homem forte e levar dali seus bens, sem antes amarrá-lo? Só então poderá roubar a casa dele.
>
> Mateus 12.29

Embora o homem forte propriamente dito seja Satanás, em geral sempre haverá, em algum território específico ou na área de atuação de organização, um "homem forte" que representa a fonte de poder e a influência dominante nessa área particular.

Procurar transformar a atitude e a cultura de uma cidade ou de uma única organização antes de tratar dos poderes demoníacos é como tentar roubar a casa de um homem forte quando este ainda está ali e completamente livre para agir.

> Quando um homem forte, bem armado, guarda sua casa, seus bens estão seguros. Mas quando alguém mais forte o ataca e o vence, tira-lhe a armadura em que confiava e divide os despojos.
>
> Lucas 11.21,22

Essa é a esfera da batalha espiritual ofensiva. Não é o momento para incursões impetuosas, mal-planejadas e afoitas de recrutas inexperientes e entusiasmados. Precisa ser tratada com a seriedade com que é tratada nas Escrituras.

Batalha espiritual ofensiva

É preciso ressaltar novamente que não estamos lidando com uma guerra imaginária nem tampouco metafórica. Trata-se de uma guerra espiritual real com inimigos reais, projéteis espirituais reais e, infelizmente, baixas reais. Ao mesmo tempo, nosso objetivo sempre é a vitória total e o desmantelamento e a derrota completa do inimigo (Êxodo 17.13,14). A derrota é vergonha e desonra (2Reis 19.3), não há ponto para um "bom espetáculo" nem para um bom perdedor.

Também é importante compreender que a guerra espiritual é necessária para nosso pleno desenvolvimento. Desse modo, não nos deve surpreender descobrir que, para Israel, paz (*shalom*) não significava ausência de guerra, mas:

- harmonia completa e unidade entre amigos e
- vitória completa na guerra contra os inimigos.

É por isso que Paulo pôde escrever aos crentes de Roma: "Em breve o Deus da paz esmagará Satanás debaixo dos pés de vocês" (Romanos 16.20).

Princípios da guerra ofensiva

A dinâmica da guerra na esfera espiritual é exatamente a mesma da guerra na esfera material, portanto, a Bíblia é nosso manual de batalha e nós podemos parar de dar desculpas pelas guerras de Israel ali registradas. No que diz respeito à guerra espiritual, elas adquirem uma importância contemporânea marcante. A seguir, alguns aspectos importantes que precisamos levar em conta.

Precisamos nos preparar para a batalha

- Toda guerra, inclusive a guerra espiritual, é um empreendimento coletivo em que o exército representa a força de toda a população de forma condensada e intensificada. Sendo assim, os números não importam para o bom êxito, mas, sim, a unidade (Juízes 7.1-7).
- Para vencermos numa batalha espiritual contra as forças malignas, nosso preparo individual é imprescin-

dível no que diz respeito tanto ao comprometimento quanto à santidade pessoal. Precisamos estar preparados para o fato de que o inimigo nos conhece e sabe muito bem quais são nossos pontos fracos.

- Em Israel, o estado do guerreiro era conhecido como *kodesh*, ou "estado de santidade", isto é, os soldados eram separados para essa missão. Na vida do soldado, a guerra tinha prioridade sobre todas as atividades civis (2Timóteo 2.4).
- Para que o exército tivesse a força concentrada necessária para a batalha, todos os seus homens tinham de manter pureza absoluta, pois a impureza destrói a integridade e a força da alma. A pureza é ameaçada por fatores como:
    - *impureza física, sexual e religiosa* (Deuteronômio 23.10-15; Números 5.1-4; 1Samuel 21.5).
    - *medo* — os medrosos eram enviados de volta para casa porque o medo destrói o ânimo (Deuteronômio 20.8; Juízes 7.3).
    - *projetos inacabados*, porque eles podem pôr em risco a separação do homem ou a singeleza de coração (Deuteronômio 20.5-7).

- A guerra espiritual é um conflito de poder espiritual, logo, nossa relação com Deus é de total importância, e é no lugar de oração e adoração que se obtém a vitória.

Também para Israel o poder espiritual sozinho decidia o resultado da batalha. "Nenhum rei se salva pelo tamanho de seu exército" (Salmos 33.16). Por isso, para que o exército tenha poder, sua relação com Deus deve ser perfeita. Desse modo, a guerra é anunciada:

- Pelo soar das trombetas de prata para que "... toquem as cornetas; e o Senhor, o Deus de vocês, se lembrará de vocês e os libertará dos seus inimigos" (Números 10.9). A prata significa redenção, porque a base de nossa vitória é a cruz.
- Pelo sacrifício de holocausto, que significava adoração e ação de graças. Num sentido, todo o propósito de nossa guerra espiritual é a restauração da adoração, para com ela anular a rebelião de Satanás e reafirmar o legítimo lugar de Deus de Criador e o legítimo lugar do homem de criatura adoradora. Mas a vitória para Israel também começa no santuário, porque é ali que se recebe força.

Que o Senhor te responda
no tempo da angústia;
o nome do Deus de Jacó te proteja!
Do santuário te envie auxílio
e de Sião te dê apoio.
Lembre-se de todas as tuas ofertas
e aceite os teus holocaustos.
Conceda-te o desejo do teu coração
e leve a efeito todos os teus planos.
Saudaremos a tua vitória com gritos de
alegria
e ergueremos as nossas bandeiras
em nome do nosso Deus.

que o Senhor atenda todos os teus
pedidos!

Salmos 20.1-5

A natureza da guerra

Os princípios a seguir são de importância fundamental para entendermos os verdadeiros problemas da guerra espiritual e o meio de vencer.

- Para Israel, o resultado da guerra depende completamente dos reis. A guerra é a guerra do rei e, pelo fato de ser o poder espiritual que decide a questão, a vitória depende de o rei ter vitória em sua alma. A alma do rei deve encher-se de vitória antes da batalha, pois o verdadeiro resultado da batalha é apenas a manifestação da vitória ou da derrota real que já existe (Salmos 18.32-34; 1Reis 20.13 ss.; 22.1ss.).

  Nossa vitória definitiva na guerra espiritual contra Satanás e suas hostes está absolutamente garantida porque Jesus Cristo, nosso Rei, tem plena vitória em sua alma.

> Pois é necessário que ele reine até que todos os seus inimigos sejam postos debaixo de seus pés.
>
> 1Coríntios 15.25; cf. Salmos 110.1,2

  A vitória real já existe e o resultado de uma batalha é somente a manifestação externa do que já está na alma de Cristo.

- O fator espiritual decisivo na guerra é que o rei tenha o que se chama de "bom conselho", isto é, idéias irresistíveis que sejam postas em prática imediatamente.

- Entenda-se por conselho não apenas conselho ou sugestão, mas a expressão mais plena do pensamento e da vontade do rei, seus planos, estratégias, propósitos, determinação e confiança.
- Deus é "grande em conselho e magnífico em obras" (Jeremias 32.19 — *ARA*), por isso sua palavra traz em si mesma o poder de realizar o que ela declara. Logo, o conselho de Deus, isto é, seus planos e objetivos, sempre prospera.

> O Senhor dos Exércitos jurou:
> "Certamente, como planejei,
> assim acontecerá,
> e, como pensei, assim será".
>
> Isaías 14.24

- Deus quebra e destroça todo conselho ou plano que se dirija contra ele e contra seu povo.

> Continuem a fazer o mal, ó nações,
> e vocês serão destruídas!
> Escutem, terras distantes:
> Ainda que vocês se preparem
> para o combate,
> serão destruídas!
> Sim, mesmo que se preparem
> para o combate,
> vocês serão destruídas!
> Mesmo que vocês criem estratégias,
> elas serão frustradas;
> mesmo que façam planos,
> não terão sucesso,
> pois Deus está conosco!
>
> Isaías 8.9,10

- O conselho de Deus confunde e dissolve o conselho do inimigo, de forma que ele não possa fazer efeito. Desse modo, o moral do inimigo é destruído, e sua vontade, enfraquecida e paralisada (Jeremias 50.35-38; Isaías 19.1-4).

- O conselho do rei penetra o coração de seu povo e liga o desejo dele com o seu, de modo que se transformem numa só alma. A vitória na alma do rei passa a ser a vitória na alma do povo (Apocalipse 12.11; João 16.33). A vitória que há em Cristo deve penetrar nosso coração e nossa alma de modo que a vitória dele também passe a ser a nossa (1João 4.4; 5.4).

> Eu vi Satanás caindo do céu como relâmpago. Eu lhes dei autoridade para pisarem sobre cobras e escorpiões, e sobre todo o poder do inimigo; nada lhes fará dano.
>
> Lucas 10.18,19

- Preste atenção na importância do ministério profético. Em Israel, os profetas desempenhavam grande papel na criação da vitória na alma do rei, pois eles eram capazes de "ver" se havia vitória nela. Se eles enxergassem a vitória ou a derrota, isso era tido como realidade! (1Reis 22.1-40).

A questão decisiva em nossa guerra é saber se temos na alma a vitória que existe na alma de Cristo. Isso é uma questão de revelação. A função do ministério profético é dar-nos o bom conselho com base na revelação que realizará essa vitória também em nós.

A direção da batalha

- Lembre-se de que Deus dirige a campanha e determina a estratégia. Essa estratégia pode variar de lugar para lugar e de época para época (Josué 5.13-15; 6.5; 8.1; Números 21.34; 31.1ss.; 1Samuel 7.10; 23.2; 30.7).
- Lembre-se de que você não tem toda a frente de batalha para tomar conta, tudo que você tem é um objetivo local, limitado.
  - Se você não assumir esse objetivo, ninguém vai fazer isso por você.
  - Você tem de fazer isso quer ache que consiga, quer não, quer tenha medo, quer não.
- Aprenda a usar a palavra profética das Escrituras quando ela imediatamente lhe é comunicada pelo Espírito Santo para:
  - pronunciar o juízo de Deus contra os poderes demoníacos, ou
  - observar as ordens de Deus com a sua vontade contra a vontade das potestades, ou
  - declarar às potestades a grandeza e a majestade, o poder e a santidade, a vitória e a volta de Jesus Cristo, para enfraquecê-las e amedrontá-las.
- Aprenda a discernir as questões decisivas de oportunidade na batalha:
  - observando a mão de Deus, "vendo" o que o Pai está fazendo (João 5.19).

- discernindo as fraquezas ou as faltas de atenção do inimigo e tirar partido delas; aproveitando o impulso da batalha (2Reis 13.14-20).
- esperando a ordem de Deus para prosseguir, que diz: "Vá" (1Samuel 23.2-4).

- Compreenda o direito de ocupação. Quando se toma um território, é preciso ter os recursos para mantê-lo e ocupá-lo, "senão os animais selvagens se multiplicarão, ameaçando-os" (Deuteronômio 7.22).

Abias e Jeroboão

Um exemplo dos muitos princípios de guerra que estamos analisando aqui pode ser encontrado no relato da batalha entre Abias, rei de Judá, e Jeroboão, rei de Israel, em 2Crônicas 13.1-20.

- Abias estava na defensiva, porque Jeroboão tinha superioridade numérica na proporção de 2 para 1 (v. 3) e superioridade tática; ele armara emboscadas na frente e na retaguarda do exército de Abias (v. 13).
- A vitória depende dos dois reis. Abias ocupava o lugar privilegiado (v. 4) e se empenhou tanto para plantar a vitória em sua própria alma quanto para plantar a derrota na alma de Jeroboão (v. 4-12).
- Faz isso tanto ocupando o lugar estratégico espiritual, quanto provando os direitos de Judá como o reino do Senhor e a dinastia davídica (v. 8), a fidelidade da nação ao verdadeiro sacerdócio e à verdadeira adoração de Deus (v. 10 e 11). Ele o compara com o reino

de Jeroboão, que nasceu da rebelião e se alimentava de idolatria.

- Quando Judá se viu atacada pela frente e pela retaguarda, clamou ao Senhor, os sacerdotes tocaram as trombetas de prata, os guerreiros gritaram a declaração de fé do grito de guerra, e Israel fugiu de Judá (v. 14-16).
- Por fim, Abias perseguiu Jeroboão para a completa e humilhante derrota, de modo que Jeroboão jamais reconquistou o poder durante o reinado de Abias.

Parte 2

Ligar e desligar

Introdução

Como fazer valer a verdade

Para converter a verdade espiritual que ouvimos ou lemos em experiência viva real, precisamos encontrar resposta para as seguintes perguntas:

1. O que ela de fato significa?
2. Como pôr em prática a verdade?

Se nosso conhecimento do que a verdade significa de fato for confuso ou deficiente, sempre teremos problemas para obedecer a ela ou para fazer uso dela.

Se não temos clareza do que está implicado no fato de obedecer à verdade ou de nos apropriar dela, nossa melhor tentativa de traduzir a convicção em ação tem todas as chances de errar o alvo.

A falta de respostas claras a essas duas perguntas é uma das principais razões para o enorme abismo que em geral existe entre a verdade que confessamos com os lábios e a verdade que experimentamos na realidade constante de nossa vida.

Nas páginas a seguir, vamos procurar tratar dessas mesmas perguntas importantes em relação à questão de ligar e desligar.

Capítulo 9

Para entender termos e expressões

Ligar

O significado mais simples e direto da palavra "ligar" é "amarrar". Com esse sentido, pode significar acorrentar um prisioneiro (Atos 12.6) ou pôr ataduras nas feridas de alguém (Lucas 10.34).

Num sentido mais amplo e mais abrangente, porém, a ação de *ligar* (e palavras relacionadas, como *laços* e *atadura*) pode ser definida como:

> Limitar a liberdade de ação, escolha ou de expressão de uma pessoa ou mais, ou tirar-lhe a liberdade, o que é quase semelhante à morte.

Alguns termos usados no Novo Testamento para expressar o mesmo significado, ou significados semelhantes, são:

- *Deter*: Quem detém é o Espírito Santo (2Tessalonicenses 2.6,7).
- *Impedir*: A responsabilidade pelo impedimento é dos judeus (1Tessalonicenses 2.16).

- *Barrar o caminho*: O agente é Satanás (1Tessalonicenses 2.18 — *ARA*).
- *Impedir*: O fator são as circunstâncias (Romanos 1.13).
- *Enredar:* Trata-se da corrupção do mundo (2Pedro 2.20).
- *Armadilhas:* O perigo é o Diabo (2Timóteo 2.26).

Desligar

O sentido básico de "desligar" é "desamarrar", por exemplo, soltar um animal (Mateus 21.2) ou desatar as faixas de um defunto (João 11.44), mas também tem o sentido mais importante de:

- *Libertar*: O alvo da libertação é o cativo (Lucas 4.18).
- *Livrar*: Curar de uma doença (Lucas 13.16).
- *Anular* ou *perdoar*: A remissão de dívidas (Lucas 7.42, Mateus 6.12).
- *Destruir uma barreira*: Discriminação entre judeus e gentios (Efésios 2.14).
- *Permitir*: Dar liberdade de expressão (Atos 21.39,40).
- *Liberar*: A Criação liberta dos laços da corrupção (Romanos 8.21).

Desse modo, podemos definir "desligar" como:

> Libertar alguém das circunstâncias, das pessoas ou coisas que lhe restringe a liberdade de ação, escolha e expressão, ou privar-lhe de liberdade.

Os textos bíblicos

Há três passagens essenciais para compreender o que quer dizer "ligar e desligar". A mais longa e mais importante é a de Mateus 16.13-20, as outras são Mateus 18.15-19 e João 20.21-23.

Ao estudar a aplicação prática de "ligar e desligar", os principais textos bíblicos são Mateus 12.25-30 (e o texto análogo de Marcos 3.22-27) e Lucas 11.14-26.

Mateus 16.13-20

> Chegando Jesus à região de Cesaréia de Filipe, perguntou aos seus discípulos: "Quem os outros dizem que o Filho do Homem é?".
>
> Eles responderam: "Alguns dizem que é João Batista; outros, Elias; e, ainda outros, Jeremias ou um dos profetas".
>
> "E vocês?", perguntou ele. "Quem vocês dizem que eu sou?".
>
> Simão Pedro respondeu: "Tu és o Cristo, o Filho do Deus vivo".
>
> Respondeu Jesus: "Feliz é você, Simão, filho de Jonas! Porque isto não lhe foi revelado por carne ou sangue, mas por meu Pai que está nos céus. E eu lhe digo que você é Pedro, e sobre esta pedra edificarei a minha igreja, e as portas do Hades não poderão vencê-la. Eu lhe darei as chaves do Reino dos céus; o que você ligar na terra terá sido ligado nos céus, e o que você desligar na terra terá sido desligado nos céus". Então advertiu a seus discípulos que não contassem a ninguém que ele era o Cristo.

Esse texto trata de algumas questões muito importantes, questões essenciais para a compreensão da declaração final de Jesus acerca de ligar e desligar.

1. A identidade de Jesus

Esse texto começa com Jesus apresentando a questão de sua identidade e termina com uma advertência aos discípulos de que não a tornassem pública naquele momento. A passagem inteira, desse modo, gira em torno de quem é Jesus. Havia duas possibilidades.

O Messias, o Cristo

A palavra hebraica *messiah* corresponde à palavra grega *christos*, e as duas significam "ungido".

Com o colapso dos sonhos e aspirações nacionais de Israel, os profetas do Antigo Testamento começam a vislumbrar uma restauração superior, muito mais gloriosa e mais extensa que as esperanças mais inimagináveis da nação, a vinda de uma era messiânica, o reino do Ungido do Senhor, o Filho de Davi.

> Ele estenderá o seu domínio,
> e haverá paz sem fim
> sobre o trono de Davi
> e sobre o seu reino,
> estabelecido e mantido
> com justiça e retidão,
> desde agora e para sempre.
> O zelo do Senhor dos Exércitos fará isso.
>
> Isaías 9.7

Os profetas estenderam a capacidade lingüística para expressar a visão que tiveram da era vindoura. O lobo viveria com o cordeiro, um bebê poderia brincar próximo de um ninho de serpente. Os homens transformariam as espadas em relhas de arado, suas lanças em ganchos e as nações nunca mais se prepararian para a guerra.

Ninguém fará nenhum mal,
nem destruirá coisa alguma
em todo o meu santo monte,
pois a terra se encherá
do conhecimento do Senhor
como as águas cobrem o mar.

Isaías 11.9

O profeta semelhante a Moisés; o Servo Sofredor

Entretanto, os profetas enxergaram com clareza que, se o Reino viesse com sua santidade, ele confirmaria tudo que estivesse em harmonia com a santidade, mas destruiria tudo que não estivesse em harmonia com a santidade. Eles falavam de homens rastejando para dentro de buracos no chão e clamando para que as pedras caíssem sobre eles no grande e terrível dia do Senhor. Também estavam falando da vinda da era messiânica.

Porém, lutando com a tensão entre o reino vindouro e o destino dos pecadores, viram surgir outra figura: o profeta semelhante a Moisés (Deuteronômio 18.18), o Servo Sofredor, que tomaria nossas enfermidades e nossas dores, um profeta que ofereceria a vida como sacrifício pela culpa e que justificaria a muitos porque carregaria suas iniqüidades (Isaías 53.1 12).

Os judeus dos dias de Jesus pensavam que se tratava de duas pessoas diferentes. Quando João Batista confessou abertamente: "Eu não sou o Cristo", a pergunta era "Você é o profeta?" (João 1.20,21). Com o próprio Jesus havia uma polêmica constante quanto a ser ele o Cristo ou o profeta (João 4.29; 6.14).

A primeira revelação de João Batista referente a Jesus foi a de que este era o Servo Sofredor, o Cordeiro de Deus que tira o pecado do mundo (João 1.29). Somente mais tarde, na prisão, quando ele ficou sabendo das obras milagrosas de Jesus, começou a pensar que ele também poderia ser o Messias (Mateus 11.1-7).

A revelação de Pedro, por outro lado, foi de que Jesus de Nazaré era o Messias, o Cristo, o Rei Ungido do Senhor (Mateus 16.16). Mais adiante, quando Jesus começou a explicar que ele também era o Servo Sofredor, Pedro teve graves problemas para aceitar essa revelação (Mateus 16.22).

- ***Tópico 1**: Jesus de Nazaré é o Cristo, o Messias, o Rei Ungido do Senhor, Rei do Reino de Deus.*

2. A rocha

Pelo fato de Pedro ter progredido no conhecimento da revelação, Jesus o leva um passo adiante na direção da verdade. A polêmica que gira em torno da questão de Pedro e a rocha desaparece quando ponderamos as declarações feitas por Jesus e por Pedro acerca um do outro.

Você é	*Você é*
Pedro	o Cristo
filho de Jonas	Filho do Deus vivo
Pedro (*petros*, uma pedra)	a Rocha (*petra*, rocha maciça)

Além disso, o sentido seria mais do que claro para os discípulos, porque "a Rocha" era um dos nomes mais conhecidos de Deus no Antigo Testamento (Deuteronômio 32.13, 15, 18, 30; 1Samuel 2.2; 2Samuel 22.2; 23.3; Salmos 18.31; Isaías 26.4; 30.29; Habacuque 1.12).

> Proclamarei o nome do Senhor.
> Louvem a grandeza do nosso Deus!
> Ele é a Rocha,
>   as suas obras são perfeitas,
>   e todos os seus caminhos são justos.
>
> Deuteronômio 32.3,4

Além disso, quando Paulo se refere às experiências do deserto em que Moisés tira água da rocha (Êxodo 17.6; Números 20.8), afirma sem nenhuma dúvida que "essa rocha era Cristo" (1Coríntios 10.4).

- ***Tópico 2***: *Jesus de Nazaré não somente é o Rei Messias, mas também é a Rocha de Israel, isto é, Deus em Pessoa e o fundador e construtor da igreja.*

3. As portas do Hades

Hades é o lugar dos espíritos dos mortos e é mencionado aqui como a cidade dos mortos. A morte e o Hades sempre aparecem juntos, mesmo no juízo final, no lago de fogo (Apocalipse 1.18; 6.8; 20.13,14).

Na Antiguidade as portas da cidade não eram apenas o meio de entrada e acesso, mas também o ponto estratégico para conquistar e controlar a cidade. Por isso se diz que, quando uma pessoa está morrendo, ela está "perto das portas da morte"

(Salmos 107.18) e capturar a cidade é possuir "a porta dos seus inimigos" (Gênesis 22.17, ARC).

Devido a sua força e importância, as portas representam o poder da cidade. Desse modo, as portas do Hades são o poder da morte, "os poderes do invisível" (Con. Lit.), "as forças da morte" (Moffatt) ou o reino da morte.

- *Tópico 3: Jesus Cristo, a Rocha de Israel, o Rei Messiânico do Reino de Deus, é o alicerce da igreja e é vitorioso sobre os mais fortes poderes do reino invisível, o reino da própria morte.*

4. As chaves do Reino

Observe que o Reino dos Céus e o Reino de Deus são expressões que significam a mesma coisa, o reino ou o reinado de Deus. (Cp. Mateus 13.31,32 com Marcos 4.30-32 e Mateus 4.17 com Marcos 1.15.) Mateus emprega a expressão rabínica em que céu é um circunlóquio, isto é, uma forma indireta, de dizer Deus.

Nas Escrituras, a chave é símbolo de autoridade. Por isso elas dizem que Jesus possui:

- "as chaves da morte e do Hades." (Apocalipse 1.18). Isso quer dizer: **autoridade sobre a morte e o inferno.**
- "a chave de Davi" (Apocalipse 3.7; Isaías 22.20-23). Isto é, **a chave ou a autoridade do Reino**. Ele abre, e ninguém fecha. Ele fecha, e ninguém abre.

As chaves do Reino são a autoridade de exercer o poder do Reino de fazer realizar na terra os efeitos que ocorrem no céu.

Significa fazer valer na prática o que se expressa na Oração do Senhor (Pai-Nosso):

> Venha o teu reino;
> seja feita a tua vontade,
> assim na terra como no céu.
>
> Mateus 6.10

As chaves servem para unir céu e terra em poder para realizar esse resultado.

Ponto 4: *Jesus, o Rei Messias, a Rocha de Israel, dá a seus discípulos a autoridade do Reino, para trazer o reino e o governo de Deus à terra assim como ele é no céu.*

5. Ligar e desligar

Ligar e desligar é o meio pelo qual se deve realizar o governo de Deus na terra. Isto é, **restringir na terra tudo quanto é restringido ou limitado no céu e liberar ou libertar na terra tudo quanto esteja livre no céu.** Desse modo, a terra segue o céu, e o céu dita como as coisas devem ocorrer na terra. À medida que prosseguirmos neste estudo, ficará claro o que isso implica.

Mateus 18.15-19

O contexto mais amplo desse texto bíblico ocupa todo o capítulo 18 e sua inserção nesse capítulo é a chave para a compreensão dos versículos 15 a 19.

O assunto principal é novamente o Reino de Deus. O texto começa com a pergunta dos discípulos a respeito de quem é o maior no Reino dos Céus. Jesus responde chamando uma criança até ele e falando de:

- tornar-se semelhante a uma criança para entrar no Reino (v. 3).
- ser humilde como uma criança para ser o maior no Reino (v. 4).
- receber uma criança é receber o Rei do Reino (v. 5).

Desse modo, a criança (*paidon* no grego) passa a ser o símbolo que representa todos os pequeninos (grego = *micros),* isto é, todos aqueles que são pequenos na idade, na condição e na classificação social ou na fama — o povo humilde e os novos crentes. A respeito desses, Jesus fala sobre:

- ser pedra de tropeço para um desses pequeninos (v. 6).
- desprezar um desses pequeninos (v. 7).
- ir à procura do pequenino desviado, a ovelha perdida (v. 10-14).

Imediatamente depois da parábola da ovelha perdida, Jesus prossegue dizendo:

> Se o seu irmão pecar contra você, vá e, a sós com ele, mostre-lhe o erro. Se ele o ouvir, você ganhou seu irmão. Mas se ele não o ouvir, leve consigo mais um ou dois outros, de modo que "qualquer acusação seja confirmada pelo depoimento de duas ou três testemunhas". Se ele se recusar a ouvi-los, conte à igreja; e se ele se recusar a ouvir também a igreja, trate-o como pagão ou publicano.

> Digo-lhes a verdade: Tudo o que vocês ligarem na terra terá sido ligado no céu, e tudo o que desligarem na terra terá sido desligado no céu.
>
> Também lhes digo que se dois de vocês concordarem na terra em qualquer assunto sobre o qual pedirem, isso lhes será feito por meu Pai que está nos céus. Pois onde se reunirem dois ou três em meu nome, ali eu estou no meio deles.
>
> Mateus 18.15-20

Seguem pontos importantes para entender essa passagem:

O objetivo principal é apoiar e recuperar o irmão pecador, a ovelha que se perdeu.

Se a concórdia e a unidade forem restauradas, a terra entrará em harmonia com o céu e tudo quanto se pedir será concedido. Será concedido porque se pedirá exatamente o tipo de coisas aprovadas no céu.

Se a estratégia individual para a reconciliação falhar, o irmão pecador não deve ser abandonado, mas, sim, procurado e aconselhado por dois ou três irmãos ou, se não der certo, por toda a igreja.

Isso porque, quando dois ou três se reúnem em nome de Cristo, eles representam sua autoridade e garantem a presença do Senhor do céu, o Rei do Reino, entre eles.

Se a última estratégia não der certo, o irmão pecador deve ser tratado como um pagão ou um coletor de impostos. Note que isso não significa que o irmão deva ser evitado ou posto no ostracismo, pois Jesus era amigo de coletores de impostos e pecadores — o próprio Mateus havia sido coletor de impostos.

Também não significa reter o perdão, porque Jesus prossegue contando a parábola do servo impiedoso para falar da natureza longânime do perdão verdadeiro.

Isso significa, porém, que o ofensor se separou da comunidade de fé e, enquanto permanecer como objeto de evangelização e intercessão, não está sujeito à comunhão com o corpo.

Nesse contexto, ligar e desligar passa a ser uma questão de disciplina da igreja, mas a disciplina deve ser exercida não por mágoa nem ressentimento individual, mas na autoridade do Reino de Deus e, por isso, com base no que o Reino permite e no que o Reino proíbe.

Além disso, a primeira aplicação do ligar e desligar deve ser redentora, ou seja, limitar ou restringir as influências que causam conflito e divisão e libertar as partes afetadas por essas influências ou circunstâncias a fim de que se possa atingir a reconciliação.

João 20.19-23

As palavras "ligado" e "desligado" não são empregadas literalmente nessa passagem, mas como "perdoar" e "reter o perdão", que são sinônimos comuns para "desligado" e "ligado" quando empregados para referir-se a dívidas financeiras ou dívidas ou obrigações morais (Mateus 6.12; 18.27; Romanos 1.14).

> Ao cair da tarde daquele primeiro dia da semana, estando os discípulos reunidos a portas trancadas, por medo dos judeus, Jesus entrou, pôs-se no meio deles e disse: "Paz seja com vocês!". Tendo dito isso, mostrou-lhes as mãos e o lado. Os discípulos alegraram-se quando viram o Senhor.

> Novamente Jesus disse: "Paz seja com vocês! Assim como o Pai me enviou, eu os envio". E com isso, soprou sobre eles e disse: "Recebam o Espírito Santo. Se perdoarem os pecados de alguém, estarão perdoados; se não os perdoarem, não estarão perdoados".
>
> João 20.19-23

Nessa passagem, há a mesma seqüência de autorização e capacitação que nos textos anteriores, mas nessa, céu e terra são unidos pela presença daquele que tem as chaves do Reino. Os dois ou três reunidos e Jesus entre eles.

1. Autorização

"Assim como o Pai me enviou, eu os envio" (v. 21). Assim como o Pai deu autoridade ao Filho (João 5.27), também agora o Filho dá sua autoridade aos discípulos.

2. Capacitação

"Recebam o Espírito Santo" (v. 22). Na vida e no ministério de Jesus, o Espírito Santo era "o poder do Senhor" (Lucas 5.17). Hoje o acesso a esse mesmo poder é dado aos discípulos por meio da presença do mesmo Espírito Santo.

3. Aplicação

O texto do versículo 23 faz eco aos de Mateus 16 e 18:

> Se perdoarem os pecados de alguém, estarão perdoados; se não os perdoarem, não estarão perdoados.

Quando as chaves do Reino encerram terra e céu (a dimensão espiritual invisível da realidade, onde Cristo reina, e o Reino funciona em toda a plenitude) (Efésios 1.19-23):

- as decisões da terra seguem as decisões do céu.
- as atividades da terra acompanham as atividades do céu.
- os juízos da terra acompanham os juízos do céu.
- as declarações da terra acompanham as declarações do céu.

Em todas essas situações, a vontade e os propósitos de Deus são preeminentes, e o Espírito Santo é o revelador dessa vontade e desses propósitos.

Resumo dos textos bíblicos

A igreja recebeu autoridade (as chaves do Reino) e é capacitada pelo Espírito Santo para produzir na terra as condições que se aplicam no céu. Isto é, realizar a vontade de Deus na terra assim como ela é feita no céu. O escopo dessa autoridade abrange:

- ligar e desligar demônios, doença e circunstâncias (Mateus 16.13-20).
- ligar e desligar comportamentos, a disciplina da igreja (Mateus18.15-19).
- perdoar pecados ou reter o perdão (João 20.19-23).

CAPÍTULO 10

A abrangência do ligar e desligar

No capítulo 9, definimos ligar e desligar como restringir a liberdade de ação, por um lado e, por outro, libertar dessas restrições.

Em primeiro lugar, note que ligar, ou criar um laço, é ruim quando o indivíduo é ligado ou amarrado pelos demônios ou por doença, ou por dívidas. No entanto, é bom quando o indivíduo sente-se ligado, ou obrigado, a manter uma promessa, ou quando amarrar significa restringir a liberdade dos espíritos malignos ou dos homens maus.

Desligar é bom quando significa libertar alguém de seus medos ou de seus vícios, ou da possessão de demônios, mas é ruim quando significa deixar que a boca se desate na maldade (Salmos 50.19) ou nosso comportamento se solte num viver frouxo.

Em segundo lugar, não se esqueça de que Satanás também se envolve na questão de ligar e desligar sempre que pode (1Tessalonicenses 2.18). O resultado, portanto, depende de quem está realizando a ligação ou o desligamento e do que está sendo ligado ou desligado. Até onde nos diz respeito, devemos:

- ligar o que Deus liga e desligar o que Satanás liga;
- desligar o que Deus desliga e ligar o que Satanás desliga.

Em terceiro lugar, as duas atividades quase sempre andam juntas. Desligar uma pessoa do poder de um espírito mau em geral implica amarrar ou restringir a liberdade de ação do espírito maligno (Marcos 1.32-34; 9.25).

Ligação ou laços

A análise pormenorizada do significado de laços no Novo Testamento é uma indicação da importância deste assunto. Essa análise também revela que a maioria das ligações feitas é realizada por Satanás e que o principal exercício de nossa autoridade é desatar as pessoas dos laços dele.

O significado de laços pode ser literal

- Correntes ou cadeias (Lucas 8.29).
- O estado de encarceramento, cativeiro ou de servidão (Mateus 18.25; 2Coríntios 6.5; Filipenses 1.7, 13; Tito 2.9).

Podem ser doenças do corpo que restringem a liberdade de ação ou de expressão de uma pessoa

- Impedimentos como cegueira, surdez, mudez ou dificuldades de fala (Mateus 15.14; Marcos 7.32).
- Paralisias ou outras enfermidades que causem deficiência (Lucas 13.16).

As restrições podem ser impostas pela lei

- O objetivo da lei é restringir o mal na sociedade. Em outras áreas, ela estabelece vínculos ou limites sobre a liberdade individual. Por exemplo, no casamento legal ou na parceria jurídica (Romanos 7.2; 2Coríntios 6.14).
- A Lei pode, entretanto, ser usada para restringir o Evangelho (Atos 9.1-3).

O laço pode ser moral, isto é, o indivíduo está restrito ao que ele se sente livre para fazer, não por nenhuma força externa, mas, sim, por uma restrição interna. Essa idéia é importante para analisarmos a natureza da autoridade exercida por nós, que é autoridade moral e espiritual acima de tudo.

- Uma pessoa pode obrigar-se por uma promessa ou um voto (Atos 20.22ss.).
- Ou pode ter uma convicção interior tão forte em relação ao que deve fazer a ponto de achar que deve praticar determinada ação não importa o quanto isso lhe custe (Atos 23.12,21).
- A consciência funciona como uma lei interna para restringir nosso comportamento na ausência de uma lei externa (Romanos 2.14).
- Uma pessoa pode julgar-se com a "obrigação do dever", isto é, obrigada pelo senso de dever, ou obrigação, de fazer algo ou ir a algum lugar (Romanos 1.14).

O laço pode ser psicológico

- A dependência do álcool, de outras drogas, do jogo etc. (1Timóteo 3.8).

- A escravidão a certos humores ou a determinadas emoções como medo, ansiedade, ira, rejeição ou depressão (Provérbios 19.19; Isaías 54.6; Hebreus 2.14,15).
- Dominação ou manipulação por parte de outra pessoa, por meio de força de vontade, da personalidade, da emoção ou de pressão de colegas.

O laço pode ser espiritual, por exemplo:

- Hábitos pecaminosos ou a sensualidade (Tito 3.3; 2Pedro 2.19).
- Passividade de mente ou de vontade (2Timóteo 2.26). A pessoa é escravizada ou cativa e não consegue dar nenhum passo em direção da liberdade, assim como não consegue enxergar através da cortina de ilusão.
- Laço oculto (Atos 8.23,24) pelo envolvimento com espiritismo, feitiçaria, magia, religiões pagãs ou sociedades que sejam sujeitas completa ou parcialmente a controles ocultos ou envolvidas em práticas ocultistas.
- Possessão de demônios. Isto é, quando a pessoa está sob o controle de demônios, quer completa, quer parcialmente; quer temporária, quer permanentemente (Marcos 5.1-13).
- Maldições. Isto é, palavras de maldição e ditos maldosos que se tornaram veículos para a intervenção de maus espíritos (Lucas 6.28; 1Samuel 17.43).
- Votos interiores que passam a ser maldições auto-impostas ou profecias auto-realizáveis porque fazem

eco a nossos próprios medos e dúvidas interiores (Provérbios 26.2).

As circunstâncias podem amarrar uma pessoa de tal modo que ela acaba ficando com pouca liberdade de ação

- Endividamento ou pobreza. Inclusive a "armadilha da pobreza", isto é, o pobre verdadeiro que necessita de educação e formação para sair dessa situação difícil, mas não tem dinheiro para obter essa formação. Esse pobre é incapaz de sair para procurar emprego e tem níveis de saúde e nutrição que o incapacitam para o trabalho pesado.
- Outros conjuntos de circunstâncias às vezes exercem pressão sobre nós e deixam-nos com poucas opções de escolha, quando estas existem.

Quem ou o que devemos ligar?

Devemos ligar na terra tudo quanto o Reino de Deus liga nos céus.

Satanás e a hierarquia de poderes demoníacos (Efésios 6.12). Por detrás das estruturas da sociedade existe a casta demoníaca de governantes, autoridades, poderes e forças espirituais do mal, no reino espiritual invisível. Essas forças escravizam a raça humana e interferem na reação das pessoas, das instituições e das sociedades ao evangelho (Marcos 9.25; Apocalipse 20.1,2).

- Geográficos — sobre nações, estados, cidades, territórios e terras (1Reis 11.5; 2Reis 17.29-31; Isaías 21.9; Daniel 10.13,20).
- Acima das esferas de influência — por exemplo, Mamom em relação ao dinheiro, Moloque em relação ao aborto, Afrodite em relação ao sexo etc.

Demônios ou espíritos malignos envolvidos na possessão demoníaca de indivíduos e grupos, por exemplo, os espíritas, as bruxas e os adeptos das religiões pagãs e sociedades secretas.

Principados e potestades. Esta é a manifestação estrutural do poder na sociedade: governos, administração, empresas comerciais, culturas nacionais, mídia, instituições de ensino etc. (ver Parte 1).

Existe um espírito íntimo coletivo, ou *persona*, nesses poderes. Trata-se de um espírito caído, mas não demoníaco, que está em estado de rebelião contra o senhorio de Cristo. Essa rebelião e as ações e influências das potestades devem ser restringidas quando estiverem em oposição ao Reino de Deus.

As ações, a influência e as atitudes das pessoas quando elas são instrumentos do mal ou de opressão na sociedade. Por exemplo, a pornografia, a prostituição, o aborto, o tráfico de drogas, a ganância e a corrupção. As potestades das regiões celestiais, citadas em "Principados e potestades", são criadas por pessoas e vivem e atuam nas pessoas e por meio delas.

Circunstâncias, doenças, enfermidades e influências que estejam em oposição à vontade de Deus, estejam no caminho de seus propósitos, impeçam a difusão do evangelho ou provoquem sofrimento e aflição na vida das pessoas.

Quem ou o que devemos desligar?

As pessoas — libertá-las dos laços, das doenças, dos impedimentos, dos medos e dos pecados. Liberá-las para realizar seu potencial dado por Deus para servi-lo. As pessoas talvez precisem ser libertas:

- do espírito humano, a fim de terem capacidade para ouvir a Deus, adorá-lo e atuar com eficiência no reino dos dons e das graças espirituais.
- da mente, a fim de que fiquem livres dos pensamentos compulsivos e sejam renovadas pelo Espírito Santo.
- da vontade, dos hábitos escravizantes e causadores de dependência.
- das emoções, das mágoas, dos medos e das inibições interiores.
- do corpo, de doenças e incapacidades físicas, psicossomáticas e de fundo espiritual.
- dos relacionamentos, no casamento, na família, na igreja e nos grupos sociais.

Principados e potestades. Os poderes estruturais ou criacionais, isto é, as organizações e instituições das sociedades humanas, que são caídos, mas não demoníacos, precisam ser desligados dos poderes demoníacos a fim de se abrirem para a mudança e serem chamados de volta para cumprir seu destino e suas funções designadas por Deus no Reino de Deus. Para isso, precisamos:

- expulsar os demônios das estruturas e das esferas geográficas ou geopolíticas do mundo.
- dirigir-nos às estruturas das nações e sociedades com a reivindicação do senhorio de Jesus Cristo.

Recursos de dinheiro, facilidades, terra, equipamentos, recursos pessoais, materiais e idéias necessários para o trabalho do Reino de Deus.

Capítulo 11

Amarrar o homem forte primeiro

Em Mateus 12, Jesus está envolvido numa polêmica com os fariseus, que alegavam que ele expulsava os demônios em nome de Belzebu, ou Satanás, o príncipe dos demônios. Em sua resposta, Jesus fez a seguinte declaração:

> "Todo reino dividido contra si mesmo será arruinado, e toda cidade ou casa dividida contra si mesma não subsistirá. Se Satanás expulsa Satanás, está dividido contra si mesmo. Como, então subsistirá seu reino? E se eu expulso demônios por Belzebu, por quem os expulsam os filhos de vocês? Por isso, eles mesmos serão juízes sobre vocês. Mas se é pelo Espírito de Deus que eu expulso demônios, então chegou a vocês o Reino de Deus.
>
> "Ou, como alguém pode entrar na casa do homem forte e levar dali seus bens, sem antes amarrá-lo? Só então poderá roubar a casa dele."
>
> Mateus 12.25-29

Ao tratar dessa questão de ligar e desligar, Jesus estabelece um princípio muito importante:

Em primeiro lugar as coisas mais importantes — primeiro amarrar o homem forte

Muitas de nossas estratégias comuns de aconselhamento ou de solução de problemas se baseiam numa abordagem exatamente oposta. Tratam primeiro da carne, em seguida, dos problemas emocionais, depois das dificuldades nos relacionamentos, dos laços de gerações e, por último, se houver algo remanescente inexplicável, considera-se a possibilidade de possessão demoníaca de uma forma ou de outra.

Jesus diz que essa atitude é como tentar roubar a casa de um homem forte com esse homem forte ainda na casa, desimpedido e em plena atividade.

Se as fortalezas demoníacas não forem tratadas em primeiro lugar, a experiência comum mostra que:

- elas vão causar confusão e caos na procura do diagnóstico dos problemas reais. Quanto mais se sonda, mais intricado e desconcertante se torna o problema.
- as fortalezas vão resistir e oferecer resistência às tentativas da pessoa de lidar com os problemas ou de se abrir para a graça de Deus.

Quem é o homem forte?

O Novo Testamento revela não um mero princípio do mal no Universo, mas um reino altamente organizado e poderoso, que faz oposição implacável à vontade de Deus e está determinado a manter o homem e o mundo na escravidão.

Esse reino de trevas consiste em:

1. Satanás, o príncipe ou governante

Satanás, o arcanjo caído (Ezequiel 28.11-17) é definido como o príncipe ou governante dos demônios (Mateus 9.34; 12.24). Quando Adão caiu, perdeu sua autoridade sobre o mundo e, no vácuo espiritual que se formou, Satanás entrou, passando a ser o deus e o príncipe deste mundo (João 12.31; 14.30; 16.11; 2Coríntios 4.4).

Os nomes dele revelam seu caráter: Satanás, o adversário (1Pedro 5.8); Diabo, o acusador e mentiroso (Apocalipse 12.10), o Maligno (1João 5.19), o Inimigo (Lucas 10.19), além de enganador, (Apocalipse 20.10); assassino e pai da mentira (João 8.44). Ele é associado à serpente (2Coríntios 11.3), ao dragão (Apocalipse 13.2) e ao leão que ruge (1Pedro 5.8).

Satanás tem um trono (Apocalipse 2.13; 13.2) e uma fortaleza (2Coríntios 10.4) nesse reino das trevas. Ele tem o poder de realizar sinais e maravilhas (2Tessalonicenses 2.9), o poder ou força da morte (Hebreus 2.14) e os profundos mistérios do mal (2Tessalonicenses 2.7; Apocalipse 2.24).

Satanás, entretanto, não é nem onipotente nem onipresente. Ele não pode estar em mais de um lugar ao mesmo tempo. Ele opera por intermédio de um vasto exército de anjos caídos (2Pedro 2.4; Judas 1.6), seres espirituais também chamados de demônios (Lucas 8.27), espíritos maus (Lucas 11.24-26) e espíritos imundos (Marcos 9.25).

Esses espíritos se organizam conforme a definição a seguir.

2. Uma hierarquia ou estrutura de poderes malignos

Essa estrutura não é exaustivamente mencionada em parte alguma das Escrituras, mas há referências a ela numa ampla variedade de categorias e expressões. Segue adiante uma maneira de interpretar a rica variedade de informações:

- *Poderes geopolíticos ou geográficos*
  - Governantes do mundo todo (*kosmokrator*; Efésios 6.12) — provavelmente a ordem mais elevada de poderes.
  - Principados (*arché*) ou governos — talvez sejam os deuses das nações ou de outros territórios (Deuteronômio 32.8,9; Daniel 10.13, 20; possivelmente Atos 16.9).
  - Autoridades (*archon*; 1Coríntios 2.6,8; Colossenses 1.16) — ordens inferiores de poderes geográficos ou territoriais, talvez estejam sobre instituições específicas etc.

- *Poderes sobre áreas ou esferas de influência*
  - Domínios ou senhorio (*kuriotes*) — por exemplo, os meios de comunicação, o dinheiro e a riqueza (Mamom), as culturas, as disciplinas acadêmicas, os sistemas jurídicos etc.
  - Poderes (*dunamis*; Romanos 8.38) — entre estes, as forças espirituais (*pneumatikos*) do mal nas regiões celestiais.
  - Autoridades (*exousia*; Colossenses 2.15; 1Pedro 3.22) — seres com o direito de usar o poder delegado por ordens superiores acima deles.

A imagem é de uma rede de malha fina de estruturas de poder, altamente dependentes uns dos outros e do poder de Satanás e dos governantes do mundo. Enquanto Satanás for o homem forte, haverá também em qualquer território determinado, ou conjunto de circunstâncias, ou numa pessoa endemoninhada, um "homem forte" que representa a fonte de poder e a influência dominante nessa situação determinada. Ele será a chave para que se possa pôr a situação em liberdade.

Jesus e o homem forte

Quando Jesus diz: "Primeiro amarrar o homem forte", ele está falando de uma experiência muito dura. A primeiríssima coisa que Jesus fez depois de ser batizado e preenchido com o Espírito Santo foi se encontrar com o homem forte, o próprio Satanás, no deserto (Mateus 4.1-11).

- Ali no deserto, nas condições mais desfavoráveis possíveis, não num jardim como o Éden, exausto, abatido e em jejum de quarenta dias e quarenta noites, Jesus enfrentou toda a sedução sutil e enganosa do arcanjo caído. Não sofreu uma tentação apenas, mas três. Apesar de toda a adversidade, ele saiu vitorioso de todas as tentações.
- Jesus enfrentou Satanás cara a cara, como Homem Cheio do Espírito e ***comprovou de uma vez por todas sua ascendência moral sobre o maligno.*** O Diabo percebeu que estava lutando contra alguém bem mais forte que ele. No início, ele era o tentador que chegou até Jesus, no final, foi Jesus quem dominou o tentador e o expulsou terminantemente de sua presença: "Saia daqui, Satanás!".

Satanás foi amarrado. Isto é, sua liberdade até então absoluta sobre o mundo agora fora limitada, pois ele sabia que, quando se trata de uma prova de força, a vontade desse Homem sempre sobrepuja a sua. Ele não poderia mais suportar esse confronto. Dali em diante, teria de trabalhar indiretamente contra Jesus — por meio de Pedro, de Judas, dos poderes, por meio dos elementos — para destruir o Homem que frustraria seus planos todas as vezes. Esse plano foi, como veremos, sua derrocada final.

E roubar sua casa

Depois de ter amarrado o homem forte no deserto, Jesus voltou à Galiléia no poder do Espírito (Lucas 4.14), chegou a Nazaré e, na sinagoga, declarou seu manifesto.

> O Espírito do Senhor está sobre mim,
> porque ele me ungiu
> para pregar boas novas
> aos pobres.
> Ele me enviou
> para proclamar liberdade
> aos presos
> e recuperação da vista
> aos cegos,
> para libertar os oprimidos
> e proclamar o ano da graça
> do Senhor.
>
> Lucas 4.18,19

Seu ministério público cumpriu sua declaração.

- ***Ele ia pelas sinagogas, expulsando demônios.*** Ele proibia os demônios de falar: "Cale-se e saia dele" (Lucas 4.35); ordenou a um espírito surdo e mudo: "Eu ordeno que o deixe e nunca mais entre nele" (Marcos 9.25); e em outras ocasiões proibiu os demônios de falar, porque eles sabiam quem ele era (Marcos 1.34). Os demônios reconheciam sua autoridade e lhe obedeciam, a ponto de lhe pedir permissão antes de ousarem entrar numa manada de porcos na região dos gadarenos (Lucas 8.32).
- ***Quando os espíritos malignos afligiam o corpo de homens e mulheres, ele os libertava.***

Então esta mulher, uma filha de Abraão a quem Satanás mantinha presa por dezoito longos anos, não deveria no dia de sábado ser libertada daquilo que a prendia?

Lucas 13.16

- ***Na tempestade no lago, Jesus tinha conhecimento da origem demoníaca da tormenta.*** Ele repreendeu o vento e literalmente "amordaçou" o mar (Marcos 4.39) exatamente da mesma maneira que lidou com o espírito imundo na sinagoga (Lucas 4.34).

Todos ficaram admirados, e diziam uns aos outros: "Que palavra é esta? Até aos espíritos imundos ele dá ordens com autoridade e poder, e eles saem!".

Lucas 4.36

- ***Depois de comprovar sua inquestionável ascendência sobre Satanás e os demônios, ele autoriza os discípulos*** *a agir em seu nome e a expulsar os demônios como ele expulsava* (Lucas 9.1,2).

Quando os 70 discípulos voltaram alegres dizendo "Senhor, até os demônios se submetem a nós, em teu nome" (Lucas 10.17), ele explicou a razão disso.

> Eu vi Satanás caindo do céu como relâmpago.
>
> Lucas 10.18

O que seus discípulos estavam fazendo era saquear a casa do homem forte depois que esse homem forte havia sido amarrado e inibido.

- *Jesus declarou que a ascendência e a autoridade que ele demonstrava sobre Satanás e os demônios se devia à presença do Espírito Santo nele e era evidência da chegada do Reino de Deus.*

> Mas se é pelo Espírito de Deus que eu expulso demônios, então chegou a vocês o Reino de Deus.
>
> Mateus 12.28

Em outras palavras, Jesus estava realizando na terra tudo o que já estava sendo realizado no céu.

> Eu lhes digo verdadeiramente que o Filho não pode fazer nada de si mesmo; só pode fazer o que vê o Pai fazer, porque o que o Pai faz o Filho também faz.
>
> João 5.19

A vitória da cruz

Em 1Coríntios 2, Paulo está se referindo à sabedoria oculta na cruz de Cristo:

> Nenhum dos poderosos desta era o entendeu, pois, se o tivessem entendido, não teriam crucificado o Senhor da glória.
>
> 1Coríntios 2.8

Os governantes desta era, que estão sendo reduzidos a nada (1Coríntios 2.6), são os poderes satânicos que engendraram a morte de Jesus. O que Paulo está dizendo é que, se Satanás tivesse tido a mínima idéia do que ia acontecer na cruz, ele teria preferido destruir todas as árvores da Palestina a deixar os romanos usarem alguma delas para crucificar o Senhor da glória. Satanás só foi entender tarde demais que a cruz era a detenção definitiva e irreversível de seu poder e a restrição de sua liberdade de agir.

- *Com sua morte e a ressurreição dentre os mortos, Jesus destituiu Satanás de sua última arma contra a raça humana.*

> Portanto, visto que os filhos são pessoas de carne e sangue, ele também participou dessa condição humana, para que, por sua morte, derrotasse [grego - *katargeo*] *aquele* que tem o poder da morte, isto é, o Diabo, e libertasse aqueles que durante toda a vida estiveram escravizados pelo medo da morte.
>
> Hebreus 2.14,15

- *Com sua obediência suprema, que o fez ir até a morte, e morte de cruz (Filipenses 2.8), Jesus enfrentou e extinguiu a rebelião de principados e potestades.*

> Tendo despojado [grego *katargeo*] os poderes e as autoridades, fez deles um espetáculo público, triunfando sobre eles na cruz.
>
> Colossenses 2.15

Jesus conquistou autoridade suprema no céu e na terra, depois que os anjos e governantes, as autoridades e os poderes foram postos em submissão a seu poder (1Pedro 3.22).

Pelo poder redentor de seu sangue, Jesus nos libertou da autoridade das trevas, e Deus nos "transportou para o Reino do seu Filho amado" (Colossenses 1.13). Fomos transformados de inimigos rebeldes e desobedientes em filhos e filhas amorosos, destituindo, desse modo, Satanás, o príncipe do poderio do ar, o espírito que agora age nos filhos da desobediência (Efésios 2.2).

A obra de Jesus de despojar Satanás de seu controle sobre a humanidade tem de ser realizada nesta era por seus seguidores, que devem exercer a autoridade dele, em nome dele, pelo poder do seu Espírito.

O Filho de Deus veio para destruir (literalmente, "desligar") as obras do Diabo (1João 3.8).

> Digo-lhes a verdade: Aquele que crê em mim fará também as obras que tenho realizado. Fará coisas ainda maiores do que estas, porque eu estou indo para o Pai.
>
> João 14.12

> Eu lhes dei autoridade para pisarem sobre cobras e escorpiões, e sobre todo o poder do inimigo; nada lhes fará dano.
>
> Lucas 10.19

Capítulo 12

Como amarrar o homem forte

Quando se trata de amarrar o homem forte, Jesus não nos deixa apenas com idéias vagas acerca do que isso significa. Em Lucas 11, ele entra em detalhes bem precisos do que quer dizer e de como isso deve ser feito.

> Quando um homem forte, bem armado, guarda sua casa, seus bens estão seguros.
>
> Lucas 11.21

A seguir, temos os passos importantes dessa ação.

1. Identificar o homem forte

Em todo lugar ou em todo conjunto de circunstâncias ou mesmo na vida de um indivíduo há um poder demoníaco que controla a situação, organiza a defesa e é a principal fonte de poder ou energia para outros espíritos que possam estar envolvidos. Alguns indicadores para identificar o homem forte são:

A armadura (panopleia) *que ele está usando*

A palavra grega *panopleia* é empregada duas vezes no Novo Testamento. Em Efésios 6.11-18, ela se refere a toda a armadura de Deus e, em Lucas 11.22, refere-se a toda a armadura de Satanás.

- A armadura completa de Deus é um conjunto de condições de vida que Deus quer criar em nossa vida, as quais permitem que Deus aja em nós e evitam ou restringem a atuação de Satanás em nós.
- A armadura completa de Satanás é um conjunto de condições de vida que Satanás quer criar em nossa vida, as quais permitem que Satanás aja em nós e evitam ou restringem a atuação de Deus em nós.

As condições de vida de Satanás são o contrário das condições de vida que Deus quer criar.

Toda a armadura de Deus	*Toda a armadura de Satanás*
Verdade	Mentiras, engodo
Paz	Contenda, discórdia
Retidão (relacionamento reto)	Alienação, rejeição
Fé	Desconfiança, suspeita, dúvida
Esperança	Desespero, depressão
A Palavra de Deus	Raciocínio humano
Oração	Meditação ocultista

Se conseguirmos identificar os principais componentes das condições de vida de um indivíduo ou de uma instituição, podemos ser capazes de utilizá-las para identificar a natureza do homem forte.

O estado da "casa"

Quando os demônios entram e fazem morada em alguém, essa pessoa é chamada de "casa" deles (Lucas 11.24-26). O mesmo se aplica para uma instituição ou uma entidade geopolítica, como uma cidade, por exemplo. O que se quer dizer é que há alguma correspondência entre o estado ou condição da "casa" e a natureza de seus ocupantes. Desse modo, as Escrituras identificam um espírito surdo-mudo (Marcos 9.25), um espírito impuro (Lucas 4.33), um espírito de adivinhação (Atos 16.16) etc.

O nome

Nas Escrituras, o nome sempre indica a identidade ou o caráter do indivíduo. Por esse motivo, o nome do homem forte às vezes é a chave para se tomar uma atitude eficiente contra ele e, de vez em quando, encontramos Jesus perguntando o nome do demônio que está controlando outros demônios. Esse é evidentemente o caso do endemoninhado gadareno. Jesus trata o espírito como a um indivíduo: "Saia deste homem, espírito imundo" (Marcos 5.8), e ele responde no singular: "Que queres comigo, Filho do Altíssimo?" e, em seguida, "Meu nome é Legião" (Marcos 5.7,9). Em seguida, são os demônios (plural) que imploram para que Jesus não os expulse da região. Jesus lhes dá permissão para entrarem nos porcos, e os espíritos malignos saem do homem e entram nos animais (Marcos 5.12,13). Legião era o nome do homem forte que controlava uma hoste de outros demônios naquele homem e também lhes dava poder.

Observe, entretanto, que Jesus nem sempre pergunta o nome, embora seja claro que ele sempre conhecia a natureza dos espíritos com os quais estava lidando.

A natureza do homem forte demoníaco também pode ser revelada pelo dom espiritual de uma palavra de conhecimento ou de discernimento de espíritos.

2. Certifique-se de que do seu lado há mais poder que do lado do homem forte

Em Efésios 6.10-18, Paulo ressalta o que Jesus também declara: atacar e vencer o homem forte não é, em hipótese alguma, uma tarefa fácil. Não se trata de uma guerra no sentido metafórico nem de faz-de-conta, é uma guerra de verdade, portanto, o texto bíblico é cheio de imperativos como *fortaleçam-se*, *fiquem firmes*, *sejam firmes*, *estejam atentos*, *resistam* e outros.

Nossa força reside em nossa confiança na vitória absoluta da morte e da ressurreição de Cristo sobre Satanás e suas hostes, e em nosso relacionamento pessoal com o próprio Vitorioso. Também repousa na certeza da autoridade que nos foi dada para pregar o evangelho, curar os doentes e expulsar demônios.

Entretanto, nós vamos precisar de toda a armadura de Deus — isto é, as condições de vida que nos capacitam a vencer. As condições de vida, porém, exigem apropriação e obediência para terem efeito. Portanto, nossa capacidade para a tarefa de amarrar um determinado homem forte sempre dependerá disso. Podemos achar que estamos enfrentando mais do que podemos dar conta por nós mesmos, por isso, não devemos jamais hesitar em pedir ajuda. Na verdade, a guerra é sempre uma atividade coletiva, e a vitória acontece do lado que consegue reunir mais forças (Romanos 13.12-14; Efésios 6.10).

3. Partir para o ataque

Uma das manifestações comuns do controle demoníaco é a passividade a que ele induz. A vontade da pessoa fica inerte, sua mente fica entorpecida, e o espírito fica letárgico e sem vida. Do ponto de vista do homem forte, tudo está tranqüilo e em paz. Os perigos da passividade, da nossa perspectiva, entretanto, é que ela deixa toda iniciativa para Satanás e perde a batalha automaticamente.

Mesmo a estratégia da defesa é imprópria — isto é, lutar apenas quando se é atacado. A defesa, na melhor das hipóteses, apenas previne a derrota, jamais ganhará uma guerra. O princípio bíblico é atacar sempre. É por isso que a Bíblia não dá nenhuma instrução para fortificar uma posição de defesa. Josué saiu para lutar contra Amaleque; Davi saiu ao encontro de Golias; e Jesus foi para o deserto encontrar Satanás.

O ataque tira a iniciativa do inimigo, dita as condições da batalha e escolhe o terreno em que ela será travada. As bases da nossa vitória são a base do Calvário.

> pois foi lançado fora
> o acusador
> dos nossos irmãos,
>   que os acusa diante
>   do nosso Deus, dia e noite.
>   Eles o venceram
>   pelo sangue do Cordeiro
>   e pela palavra do testemunho

que deram;
diante da morte,
não amaram a própria vida.

Apocalipse 12.10,11

A posição do homem forte é vulnerável, mas é vulnerável somente ao ataque.

4. Sobrepujar o homem forte

O ataque tem de persistir até que o homem forte seja sobrepujado. Mesmo no ministério de Jesus parece que o livramento nem sempre foi instantâneo, havia resistência e discussão. Às vezes a ação de Jesus era ininterrupta: "Porque lhe dizia: Sai deste homem" (Marcos 5.8 — *ARC*).

Mais adiante vamos tratar de forma mais completa a natureza do poder que está envolvido no ligar e desligar, mas agora é preciso ressaltar que a vitória definitiva vem com a insistência de que seja feita a vontade de Deus na terra assim como é no céu. Precisamos persistir nessa posição até que a resistência se despedace, como enfim ocorrerá.

5. Tire a armadura em que o homem confiava

Isso significa tratar das condições de vida que permitiram ao homem forte manter sua posição. Quando o homem forte está amarrado, e muitas vezes só depois que isso acontece, podemos ter acesso aos problemas específicos que devem ser tratados. Isso é essencial para desmantelar as fortalezas demoníacas (2Coríntios 10.4) e para libertar a pessoa possuída. Implica:

Libertar a vontade da pessoa a fim de que ela possa fazer escolhas sinceras por Cristo contra Satanás e os laços satânicos. Não importa o quanto a vontade da pessoa esteja enterrada, ali permanece a liberdade de escolha moral que Deus sempre preserva.

Tratar um por um dos pecados, dos hábitos escravizantes, dos grilhões ocultos, dos medos e de outros problemas. Em geral haverá um emaranhado que tem de ser desfeito com cuidado.

Arrependimento, perdão, purificação e reorganização dos padrões de pensamentos e do estilo de vida da pessoa, substituindo as condições demoníacas de vida pela armadura de Deus, as condições de vida que Deus quer criar.

À medida que as fortalezas são derrubadas e as condições de vida transformadas, pode haver sucessivas libertações de espíritos malignos associados a esses estados. Separados do poder do homem forte, porém, eles podem em geral ser tratados com muita facilidade, ou podem abandonar o corpo por livre vontade.

6. Repartir os despojos

O objetivo de amarrar é soltar. Livrar-se da infestação e do controle dos demônios é o aspecto negativo, libertar a vida para a plenitude de seu potencial é o lado positivo, isto é soltar, desligar.

Os problemas de uma pessoa são quase sempre o indicador de seu melhor potencial, pois Satanás vai tentar corromper uma vida atacando justamente o que ela tem de melhor. Precisamos libertar a vida e a criatividade naquelas áreas atrofiadas, que foram privadas de expressão, de modo que a pessoa possa começar a vir a ser tudo aquilo para o que Deus a criou. É isso que é desfrutar os despojos da guerra no sentido espiritual.

Capítulo 13

A Palavra de Deus e a autoridade do cristão

Antes de poder amarrar alguém ou algo, ou soltar ou libertar alguém de suas amarras, temos de saber como funciona esse processo e com o que de fato estamos lidando. Caso contrário, cairemos na armadilha de pensar que basta recitar a fórmula correta para as coisas acontecerem. Logo descobrimos a ineficiência dessa fórmula, não importa o quanto gritemos nem quais palavras usemos.

Para nosso objetivo presente, podemos ignorar as cadeias ou as prisões físicas porque não se pode algemar um demônio nem tampouco pôr um espírito maligno na cela de uma prisão. Portanto, temos de estudar os meios pelos quais a liberdade de uma pessoa pode ser tirada ou restringida sem o uso de força física real. Há três meios importantes:

1. Lei
2. Autoridade
3. Poder espiritual

A força da lei

A lei tem o poder de restringir nossa liberdade de ação ao ordenar ou proibir-nos de praticar qualquer ação. A lei não pede nosso consentimento para exigir, nem consulta nossas preferências ou prioridades. Ela declara que nós "temos de" fazer o que ela prescreve, quer gostemos, quer não; e, se necessário, a lei está preparada para nos penalizar, punir as infrações, a fim de fazer valer os seus mandamentos.

Podemos obedecer prontamente às exigências da lei porque concordamos com elas, as aprovamos e acreditamos que todos também devem obedecê-las. Nesse caso, não existe a sensação de restrição de nossa liberdade, porque decidimos livremente fazer o que a lei exige. Não temos consciência de que a lei tenha algum efeito limitador sobre nós porque obedecemos a ela espontaneamente. É dessa maneira que nós cristãos fomos capacitados para viver na liberdade da obediência à lei de Deus.

Em outros casos, entretanto, obedecemos à lei, no sentido de cumprir suas exigências, mas fazemos apenas porque não queremos ser penalizados nem punidos por violar a lei. Nossa liberdade, em outras palavras, é limitada ou restringida pelo poder coercitivo que a lei exerce.

Quando fazemos uma promessa ou um voto de fazer algo, ou de não fazer determinada coisa, nossa liberdade de escolha ou de agir também é restringida por essa promessa, porque nos sentimos "obrigados" na consciência a manter nossa palavra. A força da consciência é semelhante ao de uma lei internalizada, mas tem reações tanto positivas quanto negativas. Nisso ela difere da lei externa, que não nos recompensa por observar seus mandamentos, mas apenas nos penaliza se não os observarmos. Por outro lado, a consciência nos manda fazer o que ela aprova (Atos 24.16; 1Pedro 3.16) — obriga-nos a ter uma "boa consciência" acerca do que fazemos. Porém, como a lei, a consciência nos penaliza quando a desobedecemos; ela nos acusa (Romanos 2.15) e nos faz experimentar sentimentos desagradáveis de culpa e derrota.

Satanás e a Palavra de Deus

Satanás está preso, isto é, sua liberdade de ação e a dos demônios é restringida quando ficam de frente com a Palavra de Deus. Costuma-se dizer que Satanás é um legalista, mas não porque ele respeite a lei, e sim porque tem medo do Legislador. As palavras de Jesus tiveram efeito estarrecedor e arrasador sobre o Diabo: "Está escrito..." (Lucas 4.4). Tiago refere-se da mesma forma à reação dos demônios:

> Você crê que existe um só Deus? Muito bem! Até mesmo os demônios crêem — e tremem!
>
> Tiago 2.19

O principal meio de prender Satanás e os demônios é usar a Palavra de Deus, a espada do Espírito (Efésios 6.17).

A Palavra de Deus é uma entidade que contém poder divino para se cumprir. Desse modo, a palavra de julgamento tem poder e o libera para produzir o que ela proclama.

A Palavra de Deus, uma vez pronunciada, tem história própria, permanece viva e poderosa pelas sucessivas gerações e em diferentes situações.

Assim também ocorre com a palavra
que sai da minha boca:
ela não voltará para mim vazia,
mas fará o que desejo
e atingirá o propósito para o qual a
enviei.

Isaías 55.11

Os demônios sabem que todo ato de desobediência ou resistência da parte deles aumenta o pavor que têm do Senhor, que zela para que sua palavra se realize ou se cumpra (Jeremias 1.12). Quando o medo deles se torna insuportável, eles cedem à Palavra de Deus.

"Cale-se e saia dele!", repreendeu-o Jesus. O espírito imundo sacudiu o homem violentamente e saiu dele gritando.

Marcos 1.25,26

O efeito da autoridade

Precisamos distinguir com atenção o poder (*dunamis*) da autoridade (*exousia*).

Poder é a força ou potência para realizar tudo quanto se deseja, mesmo em face da oposição ou de circunstâncias desfavoráveis. Neste sentido, todo poder pertence a Deus.

Uma vez Deus falou,
duas vezes eu ouvi,
que o poder pertence a Deus.

Salmos 62.11

Autoridade é o direito delegado para exercer as prerrogativas do poder ou representar o poder de alguém cujas ordens e vontade devem ser obedecidas por outros.

A relação da autoridade com o poder é praticamente a mesma que a relação da lei com o estado, com sua polícia e as forças armadas. A autoridade age em nome do poder, mas procura e espera obter os resultados desejados sem ter de convocar o uso de poder coercitivo. Em última instância, contudo, nós obedecemos à autoridade porque reconhecemos que:

- a figura da autoridade também tem o poder de impor obediência e de punir a obediência, ou
- ela pode convocar a fonte de sua autoridade e essa fonte de poder imporá a obediência à autoridade ou punirá a desobediência.

Logo,

- ***a autoridade exerce o direito ou o poder de mandar;***
- ***o poder faz valer as ordens da autoridade.***

A autoridade do crente e os demônios

A diferença entre poder e autoridade é importante para entender a autoridade do crente sobre os demônios. *Às vezes* o crente deve **agir no poder**, mas *sempre* deve **agir com autoridade**.

A autoridade do crente para representar o poder de Deus diante de Satanás e os demônios depende das seguintes condições:

Obediência. O crente deve estar vivendo em obediência à fonte de seu poder, isto é, a Cristo. Como aquele centurião romano que tanto impressionou Jesus, o crente deve ser um homem "debaixo de autoridade".

> Respondeu o centurião: "Senhor, não mereço receber-te debaixo do meu teto. Mas dize apenas uma palavra, e o meu servo será curado. Pois eu também sou homem sujeito à autoridade e com soldados sob o meu comando. Digo a um: Vá, e ele vai; e a outro: Venha, e ele vem. Digo a meu servo: Faça isto, e ele faz".
>
> Mateus 8.8,9

Os homens do centurião lhe obedeciam sem questionar, pois sabiam que, se desobedecessem ao centurião, o oficial superior do centurião o apoiaria, e o oficial superior *deste* o apoiaria também até chegar ao trono do imperador, em Roma. Por detrás do centurião, havia todo o poder do Império Romano, uma vez que ele estava debaixo da autoridade desse império. Se se desviasse dessa obediência, ele próprio não teria nenhuma autoridade.

A autoridade do crente, portanto, depende de dois fatores, a saber:

1. O poder e a autoridade que pertencem a Cristo como cabeça da igreja.
2. Nossa relação com Cristo, relação esta que é de obediência.

O conhecimento da extensão da autoridade de Cristo, isto é, o que ele pode fazer e ordenar, e o que está além do escopo de seus direitos nesse sentido.

A autoridade de Cristo é absoluta, toda autoridade no céu e na terra, espiritual e temporal (Mateus 28.18). Como cabeça da igreja, Cristo delegou autoridade a seu corpo:

- Sobre enfermidades e sobre os demônios

> Chamando seus doze discípulos, deu-lhes autoridade para expulsar espíritos imundos e curar todas as doenças e enfermidades.
>
> Mateus 10.1

- Sobre toda a capacidade de Satanás

> Eu lhes dei autoridade para pisarem sobre cobras e escorpiões, e sobre todo o poder do inimigo; nada lhes fará dano.
>
> Lucas 10.19

De uma coisa se pode ter certeza, os demônios sabem se o cristão está seguro de suas bases ou se está inseguro, e sabem se ele está dentro dos limites de sua autoridade legítima ou se excedeu esses limites.

Conhecimento cada vez maior do caráter, dos meios e dos propósitos de Deus, que é a fonte da autoridade de Cristo.

O que deu a Jesus essa autoridade na terra foi sua identificação plena com a vontade e os propósitos de seu Pai do céu.

> Meu Pai continua trabalhando até hoje, e eu também estou trabalhando.
>
> João 5.17

> Eu lhes digo verdadeiramente que o Filho não pode fazer nada de si mesmo; só pode fazer o que vê o Pai fazer, porque o que o Pai faz o Filho também faz.
>
> João 5.19

> Quando vocês levantarem o Filho do homem, saberão que Eu Sou, e que nada faço de mim mesmo, mas falo exatamente o que o Pai me ensinou. Aquele que me enviou está comigo; ele não me deixou sozinho, pois sempre faço o que lhe agrada.
>
> João 8.28,29

Assim como o Pai enviou o Filho ao mundo para viver e agir em seu nome, fazer a sua vontade na terra assim como ela é feita no céu, também Cristo nos enviou.

> Assim como me enviaste ao mundo, eu os enviei ao mundo.
>
> João 17.18

Assim como Jesus fez, devemos também fazer a vontade daquele que nos enviou, isto é, fazer na terra tudo quanto estiver em harmonia com seus feitos do céu.

É por esse motivo que as Escrituras nos dão essa tão grande quantidade de informações sobre o modo que Jesus vivia, ensinava e agia. A vida dele é narrada quatro vezes, nos quatro Evangelhos, isto é, em um terço de todo o Novo Testamento. O cristão precisa de revelação contínua e constante do caráter e das obras de Cristo, aquela capacidade de "ver" de que Jesus fala em João 5.19.

Confiança para agir na autoridade de Cristo. Este é o ponto essencial, porque autoridade não é autoridade se não for exercida. Quando conhecemos nossas bases e sabemos quais decisões e reações são adequadas, temos de agir. Precisamos especificamente de:

- confiança para agir ou decidir, ou ordenar;
- confiança nas decisões que tomamos ou nas ordens que damos; e
- confiança de que Cristo vai nos apoiar e, se necessário, e reforçar nossas ordens e decisões.

É neste ponto que **nossa vontade passa a ser importante.** Ao restringir (ligar) a atividade dos demônios, ou libertar (desligar) as pessoas de seu poder, temos de unir as ordens que damos em nome e na autoridade de Cristo com nossa vontade contra a vontade dos demônios. Temos de manter essa pressão contra eles até que a resistência deles se desmanche. A vontade de Deus se faz quando Deus a quer no céu e o homem a quer na terra, insistindo ativamente a todo preço: "Seja feita a tua vontade, assim na terra como no céu".

Em outras palavras, **a força da autoridade é pressão moral.** A pessoa que a exerce faz que a outra ache difícil e ameaçador resistir e, desse modo, esta acaba desistindo para se livrar da pressão. Essa é a pressão que as ordens dadas genuinamente na autoridade de Jesus Cristo exercem sobre os demônios.

A pressão aumenta quando a pessoa que exerce autoridade está **confiante de sua posição e confia no resultado final do conflito**, e a pessoa que está resistindo está insegura de si e de sua capacidade de resistir até o fim.

O general Clauswitz, da Prússia, escreveu em seus princípios de guerra que é mais importante destruir a coragem das tropas inimigas que destruir as tropas propriamente. Os mesmos princípios são válidos na guerra espiritual. Louvor, adoração, a proclamação das Escrituras e a prática das obras de Deus não apenas estimulam nossa confiança na vitória, mas também arrasam o moral e a vontade de resistir dos espíritos malignos.

Autoridade em nome de Jesus

O nome de Jesus é investido de autoridade.

> Por isso Deus o exaltou
> à mais alta posição
> e lhe deu o nome que está acima de todo
> nome,
> para que ao nome de Jesus
> se dobre todo joelho,
> nos céus, na terra
> e debaixo da terra,
> e toda língua confesse que Jesus Cristo é
> o Senhor,
> para a glória de Deus Pai.
>
> Filipenses 2.9-11

A autoridade está no nome, o poder está no Espírito. Quando os discípulos foram enviados por Jesus e receberam autoridade sobre os demônios, eles relataram: "Senhor, até os demônios se submetem a nós, em teu nome". Os sinais que Jesus prometeu que acompanhariam os que crêem são:

> Estes sinais acompanharão os que crerem: em meu nome expulsarão demônios; falarão novas línguas; pegarão em serpentes; e, se beberem algum veneno mortal, não lhes

fará mal nenhum; imporão as mãos sobre os doentes, e estes ficarão curados.

Marcos 16.17,18

O nome de Jesus resume tudo o que ele é com sua vitória, sua posição, seu ofício de Profeta, Sacerdote e Rei, sua exaltação e sua glória eterna. Toda autoridade no céu e na terra lhe foi dada (Mateus 28.18). Quando falamos ou agimos em seu nome, nós o representamos, por isso devemos fazer as suas obras com o mesmo espírito e o mesmo fim: glorificar o Pai.

Cristo tem autoridade ilimitada, na verdade, autoridade infinita. Nós não temos toda essa autoridade, mas devemos usar a extensão de autoridade que Cristo nos deu não para falar, mas para agir. Não é apenas uma questão de dizer: "No nome de Jesus", mas, sim, providenciar para que a vontade de Deus seja feita na terra assim como é feita no céu:

Compreender a vontade de Deus, tanto geral quanto específica;

Obedecer à vontade dele;

Representar a vontade dele; e

Fazer a vontade dele, isto é, *desejar* o que ele deseja.

A vontade do crente que se apóia obediente e humildemente na vontade divina e deseja ativamente essa vontade contra os poderes das trevas põe os demônios em fuga. Eles temem resistir por muito tempo, pois enfrentarão o poder de um Deus santo, que virá fazer valer as ordens de seus servos.

No próximo capítulo, vamos nos voltar para o aspecto do poder de ligar e desligar.

Capítulo 14

O poder do Espírito Santo

Já vimos que a autoridade se apóia no poder e que a autoridade sem o poder para apoiar suas ordens é incapaz. Por outro lado, quando a autoridade é acompanhada do acesso ao poder certo, ela não precisa necessariamente usar esse poder. É capaz de produzir resultados tão-somente com o peso moral e a influência que o poder dá a suas ordens.

No que diz respeito à autoridade do crente, inclusive a de ligar e desligar, o poder que a apóia e convalida é o poder do Espírito Santo. Ele é aquele que habita em nós (1Coríntios 3.16) e nos deu competência de ministros da nova aliança (2Coríntios 3.6). Os dons de poder que devem marcar o ministério da igreja são manifestações da presença de Deus por meio do Espírito Santo (1Coríntios 12.4-10). Entretanto, ainda temos de perguntar:

- O que se quer dizer com o poder do Espírito Santo?
- Que tipo de poder é esse?
- De que forma podemos ter acesso a esse poder?

O Espírito Santo e o poder

Espírito e poder são interligados com regularidade infalível ao longo das Escrituras inteiras e particularmente quando nos referimos ao registro evangélico da vida de Jesus.

Ele foi concebido quando o poder do Espírito Santo veio sobre a virgem Maria (Lucas 1.35). Seu ministério público começou quando o Espírito Santo veio sobre ele depois de seu batismo (Marcos 1.10). Ele foi enviado pelo Espírito ao deserto a fim de enfrentar o homem forte, Satanás (Marcos 1.12-13), e voltou de lá vitorioso no poder do Espírito (Lucas 4.14).

Foi a unção do Espírito Santo que consagrou Jesus como Messias, o Rei Ungido do Senhor. O Espírito Santo o capacitou a pregar as boas novas aos pobres, liberdade aos encarcerados e alívio para os oprimidos (Lucas 4.18). Daí em diante, tudo quanto ele fazia, fazia como homem cheio do Espírito Santo. Ele curou pelo poder do Espírito Santo (Atos 10.38). Quando expulsava os demônios, fazia isso pelo Espírito de Deus (Mateus 12.28).

Depois da ressurreição, os discípulos também receberam ordem de esperar na cidade até que fossem "revestidos de poder do alto" (Lucas 24.49) e que receberiam esse poder quando o Espírito Santo viesse sobre eles (Atos 1.8). Em toda a história da igreja primitiva, a mesma ligação entre Espírito e poder se mantém. Quando a igreja reunida orava para que Deus estendesse suas mãos e curasse ou realizasse sinais e maravilhas, o lugar em que estavam reunidos era sacudido e eles ficavam todos cheios com o Espírito Santo (Atos 4.30,31).

A partir daí, a pregação apostólica não se fez apenas com palavras, mas também com poder, com o Espírito Santo (1Tessalonicenses 1.5), e os sinais e maravilhas representam a demonstração do poder do Espírito (Romanos 15.19; 1Coríntios 2.5).

A natureza do poder do Espírito

A palavra grega para designar "poder", *dunamis*, tem a mesma raiz da palavra "dinamite", mas o poder do Espírito Santo não deve ser concebido nesses termos. Não se trata de um tipo de fluxo de energia nem de nenhum campo de força.

O Espírito Santo, que é o poder do Senhor, é uma pessoa. Portanto, seu poder é o da presença pessoal.

Onde o Espírito Santo está, o poder do Senhor está presente e, quando o poder do Senhor se manifesta, é porque o Espírito Santo está presente.

Observe os seguintes pontos importantes:

A presença de Deus não é a mesma em todas as ocasiões nem em todo lugar. Primeiro , existe a presença estrutural ou geral do Espírito Santo na Criação.

> "Pois nele vivemos, nos movemos e existimos."
>
> Atos 17.28

> Para onde poderia eu escapar do teu
> Espírito?
> Para onde poderia fugir da tua presença?
> Se eu subir aos céus, lá estás;
> se eu fizer a minha cama na sepultura,

também lá estás.
Se eu subir com as asas da alvorada
e morar na extremidade do mar,
mesmo ali a tua mão direita me guiará
e me susterá.

Salmos 139.7-10

A presença estrutural de Deus perpassa todas as formas de manifestações mais específicas da presença dele no meio de seu povo.

Segundo, o Espírito Santo está particularmente presente em determinados momentos e em determinados lugares. Essas ocasiões devem ser entendidas como uma intensificação maior de sua presença. Mesmo no ministério de Jesus essas experiências da manifestação da presença do Espírito Santo eram variáveis. Por exemplo, o Espírito Santo, que veio em forma de pomba sobre ele no batismo, também era a nuvem que o envolveu no monte da transfiguração (Marcos 9.7). Ele era o poder do Senhor que estava presente para que Jesus realizasse curas (Lucas 5.17), e esse poder vinha dele e curava os que o tocavam (Lucas 6.19; 8.46). Essas ocasiões eram particularmente observadas, mas Jesus, que tinha o Espírito Santo sem medida, sempre andou em autoridade, quer a manifestação específica da presença do Espírito fosse perceptível, quer não.

Nossa experiência da presença do Espírito Santo seguirá a de Jesus. O Espírito é a unção que recebemos dele e que se mantém em nós (1João 2.27), porque nós somos habitados pela sua presença (1Coríntios 3.16). Mas nós experimentamos de vez em quando o poder do Espírito Santo numa medida especial. Nessas ocasiões, a presença do Espírito se intensifica em nós ou entre os crentes. Em outras palavras, há diferença entre ser cheio do Espírito Santo, que é nossa experiência constante (Lucas 4.1), e ser cheio com o Espírito Santo para uma finalidade específica (Atos 4.8).

A natureza do poder do Espírito Santo, assim como a da sua presença pessoal, também controla o seu caráter. Desse modo, ele é:

- *O Espírito de glória* (1Pedro 4.14). Glória é a majestade e o poder de Deus, e o poder e a glória se entrelaçam no outro (Efésios 3.16; Colossenses 1.11; Apocalipse 15.8).
- *O Espírito de santidade* (Romanos 1.4). A santidade é um atributo singular de Deus, somente ele é santo (1Samuel 2.22). "Ele trouxe redenção ao seu povo e firmou a sua aliança para sempre. Santo e temível é o seu nome" (Salmos 111.9).
- *O Espírito de amor* (Romanos 5.5) que nos une ao Pai, a fim de que nada jamais nos separe do amor de Cristo (Romanos 8.38,39), e intercede por nós "com gemidos inexprimíveis" (Romanos 8.26).
- *O Espírito de graça* (Hebreus 10.29) manifestado no perdão, na bondade, na aceitação e na magnanimidade para com aqueles que não merecem.
- *O Espírito de vida* (Romanos 8.2) — criativo, redentor e aniquilador da morte.

Todas essas e muitas outras manifestações do poder do Espírito constituem o esplendor moral e espiritual da presença de Deus, que depõe Satanás e suas hostes (2Tessalonicenses 2.8), porque nenhum mal pode subsistir perante a santidade divina. Na pessoa de Jesus ele fez que os demônios clamassem com medo: "Que queres conosco, Filho de Deus?" (Mateus 8.29).

Como podemos ter acesso ao poder do Espírito Santo?

O poder do Espírito Santo se dá pela presença pessoal de Deus, cuja intensificação ocorre em determinados momentos e ocasiões. No que diz respeito a essas intensificações, podemos observar o seguinte:

A intensificação da presença do Espírito Santo pode ser influenciada pelo papel desempenhado pelo ser humano.

- É afetada negativamente pelo pecado e a rebeldia do ser humano (Salmos 51.11; Isaías 63.10; Jeremias 23.39). Deus abriu mão do uso do poder coercitivo para proteger a integridade do relacionamento que ele deseja manter com o ser humano.
- É afetada positivamente pela receptividade e a necessidade humanas (Isaías 61.1ss.; Atos 10.44) e pela abertura da situação.

Somos capazes de experimentar essas intensificações da presença do Espírito Santo, mas não podemos produzi-las. Entretanto, podemos e devemos buscar e orar para tê-las (Êxodo 33.15; Atos 4.29-31).

As intensificações da divina presença têm as seguintes características:

- são temporárias;
- são iniciadas por Deus, portanto, são soberanas (Joel 2.28); e
- são eficazes (Romanos 15.18,19).

Contudo, existe a possibilidade de incredulidade e rejeição, que não induzem à fé (Mateus 12.38,39).

Abertura para a presença do Espírito Santo

Apesar da natureza soberana da intensificação especial da presença do Espírito Santo, é desejo dele se fazer presente dessa forma em nós. A abertura e a receptividade que lhe permitem estar presente em nosso meio são criadas conforme as seguintes condições:

- ***Por meio do batismo no Espírito Santo.*** O poder, que significa presença, é a conseqüência prometida do batismo no Espírito Santo (Atos 1.8; 2.1-4 etc.). O Espírito Santo é o Anjo, ou Mensageiro, da Presença de Deus (Isaías 63.11).
- ***Por meio da operação dos dons do Espírito Santo*** (1Coríntios 12.7-10). Os dons são definidos como manifestações do Espírito, isto é, de mensagens pessoais dele ou capacitações especiais concedidas pela sua presença intensificada em nós.
- ***Por meio de oração e intercessão.*** Na vida de Jesus, a oração foi o elemento essencial para sua experiência

da presença e do poder do Espírito Santo (cp. Lucas 6.12 com Lucas 6.19). A intercessão pela igreja em Atos 4.23-31 foi atendida por uma experiência extraordinária da presença do Espírito Santo.

- ***Por meio de louvor e adoração.*** Assim como a intercessão, a adoração abre a nossa vida para a presença divina. Deus habita no meio dos louvores de Israel (Salmos 22.3 — *ARA*).
- ***Com atitude de expectativa.*** A receptividade à presença do Espírito Santo deve ser cultivada com uma atitude de coração constante. Deus responde a nossas expectativas, e ninguém mais além do Espírito Santo habita nosso corpo como seu templo. O Espírito Santo é nada menos que Deus em nós, procurando nossa amizade e comunhão. Note a importância de orar no Espírito (1Coríntios 14.2,14,15; Judas 20).

A importância do Espírito Santo nas ações de ligar e desligar

Tudo de que tratamos neste estudo provém da intenção de Deus de compartilhar seu poder com a humanidade de tal maneira que o homem coopere com ele na realização de suas metas para a criação. Entretanto, com a Queda, o homem foi amaldiçoado com o mau uso do poder que recebeu. Além disso, a existência de Satanás e dos espíritos malignos produz um choque de poder no Universo.

Contudo, para o bem da integridade do relacionamento que Deus deseja ter com o ser humano, ele próprio pôs de lado o uso do poder de coerção. Seu poder está com o homem e pelo homem, e não no controle sobre o homem. A intenção de Deus permanece inalterada, isto é, que o ser humano redimido faça sua vontade na terra assim como ela feita no céu. A presença e o poder de Deus nos capacitam a realizar a vontade dele, operando com o homem e por intermédio do homem.

A presença intensificada do Espírito Santo tem importância vital para o exercício de nossa autoridade de ligar e desligar conforme se vê a seguir:

Para nos dar a revelação da medida de nossa autoridade e do que nos foi dado.

> Nós, porém, não recebemos o espírito do mundo, mas o Espírito procedente de Deus, para que entendamos as coisas que Deus nos tem dado gratuitamente.
>
> 1Coríntios 2.12

Para nos dar a revelação quanto ao caráter, os caminhos e os propósitos de Deus.

> Pois, quem conhece os pensamentos do homem, a não ser o espírito do homem que nele está? Da mesma forma, ninguém conhece os pensamentos de Deus, a não ser o Espírito de Deus.
>
> 1Coríntios 2.11

Para nos dar discernimento e conhecimento acerca da natureza do homem forte demoníaco e das fortalezas que enfrentamos. Isso pode vir por meio dos dons espirituais da palavra de conhecimento, da palavra de sabedoria ou do discernimento de espíritos.

Para nos orientar no uso das Escrituras, "a espada do Espírito" (Efésios 6.17), principalmente a palavra *rhema*, a palavra específica imediata do Espírito.

Para o dom de milagres de realizar a libertação e o dom de cura, se necessário, quando a palavra de autoridade não produz resultado decisivo de amarrar qualquer dano que a pessoa tenha sofrido.

Para que nosso homem interior seja constantemente fortalecido (Efésios 3.16), a fim de que não seja ferido na batalha.

Parte 3

Guerra espiritual defensiva

Introdução

A questão da guerra espiritual defensiva é um dos assuntos mais empolgantes, apesar de crucial, que a igreja enfrenta nos dias de hoje.

Existe um número grande de cristãos e igrejas que estão passando por momentos muito difíceis atualmente. Eles se apropriaram da idéia da guerra espiritual, marcharam para a batalha, mas, depois, foram arrasados subitamente e não sabem por quê. Acredito que a razão seja o fato de que esses cristãos e igrejas não aprenderam a se defender na guerra. Eles não entenderam esse ponto.

O salmista diz que "é Deus que treina as minhas mãos para a guerra e os meus dedos para a batalha" (Salmos 144.1). Deus nos prepara para a batalha. Se entrarmos na guerra espiritual sem estar preparados e sem ter conhecimento dos princípios e problemas que enfrentamos, vamos ser arrasados.

Por isso, esta parte do livro trata dos impactos da guerra espiritual em nossa vida pessoal e coletiva e de como nos protegermos deles.

CAPÍTULO 15

Como reconhecer um ataque espiritual

Quero começar este capítulo insistindo que, nos problemas e dificuldades por que passamos de tempos em tempos na vida cristã, precisamos distinguir com muito cuidado o que é ataque espiritual das:

- ***Inevitáveis conseqüências de nossa desobediência ou violação dos princípios das Escrituras.***

Temos de ter muito cuidado para não pensar que os demônios "surgem do nada" toda vez que deparamos com uma dificuldade na vida, e evitar contar aos outros sobre como estamos sofrendo ataque e passando por uma crise terrível! Isso pode estar acontecendo, como também é possível que não. Para ser sincero, um dos motivos pelos quais enfrentamos problemas como cristãos é o fato de que, na verdade, violamos os princípios de Deus ou negligenciamos as instruções da Palavra de Deus. Se não nos comportarmos corretamente nessas áreas, nossa vida cristã vai fracassar, por isso não haverá nenhuma guerra espiritual.

De fato, o Diabo não precisa se preocupar conosco quando isso ocorre. Acredito que uma das coisas que o Diabo faz é tentar os crentes a fim de que, quando vierem a cair, quando desobedecerem a Deus, negligenciando seus princípios, Satanás pode tão-somente se retirar e nos deixar sofrer as conseqüências de nossos erros. Isso não tem nada a ver com guerra espiritual.

- ***As circunstâncias permitidas pelo Espírito Santo, como exercícios de edificação do caráter ou lições de crescimento na fé.***

Existem determinadas circunstâncias difíceis na vida que na verdade funcionam como um treinamento. Deus deseja que elas contribuam para a evolução de nosso caráter. O objetivo delas é produzir vigor e sustento para nossa vida cristã. Eu os incentivaria, principalmente aqueles que se alegam cristãos carismáticos, a dedicar um bom tempo à leitura da segunda carta de Paulo à igreja de Corinto. Quando lerem, ficarão surpresos de descobrir que Paulo diz coisas como *"Fiquei deprimido... Fiquei assustado... Tive medo... Sofri tanta pressão a ponto de achar que ia morrer"*. Esse é Paulo, o grande e poderoso apóstolo. Impressiona-me a franqueza com que Paulo fala do estresse por que estava passando como crente.

Quando passamos por situações estressantes como essas, temos de entender que o propósito de Deus é fazer que elas nos sirvam de exercício e treinamento. Eu pregava uma mensagem intitulada "O Evangelho do Sofrimento", mas as pessoas hoje não querem saber do "Evangelho do Sofrimento", por isso agora a chamo de "Tratamento Bíblico do Estresse"! É a mesma coisa.

A igreja à qual Paulo se dirigiu com tanta franqueza não era a magistral igreja de Roma; não era sua favorita igreja de Filipos; nem tampouco era a igreja da maravilhosa revelação de Éfeso; era, sim, a igreja de Corinto. Esse grupo de carismáticos loucos que faziam Paulo gastar muito tempo os acompanhando! Foi essa a igreja que lhe abriu a mente acerca dos problemas por que ele passava. Ele compreendeu que não se tratava de guerra espiritual.

Resumo

Precisamos distinguir o que é de fato ataque espiritual das:

- inevitáveis conseqüências de nossa desobediência ou violação dos princípios das Escrituras; ou das
- circunstâncias que o Espírito Santo permite com o propósito de treinamento para edificar o caráter e lições de crescimento na fé.

Capítulo 16

Por que os cristãos sofrem ataques espirituais

É provável que nos ocorra uma guerra, ou um ataque, espiritual nas circunstâncias que mencionamos a seguir. É importante que entendamos por quê.

1. Nós somos uma ameaça para a posição e as posses do Diabo

Se o Diabo achar que nossa vida, nossa fé ou nosso comportamento individual ou coletivo ameaçam sua posição ou suas posses, certamente investirá contra nós. Ele reagirá assim porque o melhor meio de defesa é o ataque. Quem está na área de negócios, tenho certeza, está sempre atento a esse ponto. Quero que vocês entendam como isso ocorre.

Um negócio ou uma empresa, ou uma cidade, ou mesmo uma igreja, neste caso, tem uma vida interna que é na verdade seu espírito. Somos seres espirituais e, quando criamos uma organização coletiva, passa a existir um espírito coletivo. Ele é vivo. Controla, usa, molda e domina pessoas. Lembro-me de ter falado num seminário de negócios em Oxford, na Inglaterra, e um homem veio até mim no final da palestra e disse:

"Sou gerente sênior numa companhia de petróleo, e o que o senhor está dizendo hoje está absolutamente certo. Tenho de participar de reuniões com pessoas das diversas empresas de petróleo. Posso entrar numa sala e depois de apenas cinco minutos, sem ninguém me contar para qual empresa trabalha, eu sempre consigo identificar de que companhia é cada um. Eles falam de maneira diferente, têm atitudes diferentes e se comportam de modo diferente. A vida da empresa deles está estampada nos modos deles". Quando trabalhamos em empresas, somos funcionários públicos ou desempenhamos alguma outra atividade, temos consciência dessa diferença.

Esse "espírito coletivo" não só é vivo, mas também é caído. Não somente caído, mas também idólatra e tem dois objetivos principais.

- ***Ele fará de tudo para se manter vivo.*** Muitos anos atrás, na Nova Zelândia, assisti, na televisão, a uma entrevista com o primeiro ministro. O entrevistador perguntou-lhe: "sr. Primeiro Ministro, qual é o primeiro princípio de governo?". Talvez vocês pensem que ele respondeu que o primeiro princípio de governo é governar, ou, quem sabe, a justiça, mas não, ele não disse isso. Respondeu ao repórter: "O primeiro princípio de governo é permanecer no poder". Ele faria de tudo para manter-se no poder. Uma igreja fará de tudo para sobreviver. Um negócio faz de tudo para se manter vivo.
- ***A segunda característica essencial de uma empresa ou de uma organização é a idolatria.*** Em Isaías 47.8, a cidade da Babilônia diz:

Somente eu, e mais ninguém. Jamais ficarei viúva nem sofrerei
a perda de filhos.

Em compensação, em Isaías 45.18,21, Deus diz:

Pois assim diz o Senhor,
que criou os céus, ele é Deus:
"Eu sou o Senhor...
E não há outro Deus além de mim".

A empresa ou a organização tem o impulso idólatra de querer dominar as pessoas e ser a autoridade suprema da vida delas.

No mesmo seminário mencionado anteriormente, outro homem me disse: "Na semana passada, eu estava num culto de dia de semana na igreja e meu chefe me ligou. Minha mulher lhe disse: 'Bill não está, foi a uma reunião da igreja', e ouviu do outro lado da linha uma voz aborrecida dizendo: 'Que diabos ele está fazendo numa reunião da igreja? Eu o quero em casa preparando os registros e anotações. Ele tem de estar na estrada amanhã cedo' ".

O que isso demonstra? Demonstra um impulso de idolatria no espírito da empresa. Um espírito que quer controlar tudo. Sempre que um cristão vive sob as ordens de uma empresa como essa, a empresa procura causar impacto na forma de vida do crente e estabelecer seus modelos de valores e padrões de ética. Nosso exemplo demonstra que o empregado deve obedecer a esse espírito. Muitas vezes esses padrões não são cristãos, e até são anticristãos no que nos diz respeito. Nós temos consciência desse impacto.

Precisamos saber sobre os poderes demoníacos, cujo objetivo é, o tempo todo, administrar e controlar a empresa e o que acontece nela. Muitas decisões tomadas nas salas de reuniões às vezes são completamente amorais de acordo com a visão do crente. O que dirige essas pessoas? Não se trata necessariamente de homens e mulheres ruins. Eles estão sendo dominados pelos poderes demoníacos, e esses mesmos poderes podem estar tentando influenciar os crentes.

Qual é nossa proteção? É esta: nós somos habitados pelo Espírito Santo, e sua presença em nossa vida pode nos manter longe da dominação de um poder empresarial. Podemos viver na empresa, como Daniel, servi-la de maneira legítima, porque ela pode ter fins legítimos. Podemos fazer isso sem dobrar os joelhos, sem permitir que ela nos imponha seus padrões morais. Para ser realistas, porém, precisamos entender que, quando estamos trabalhando sem nos amoldar a esses padrões, haverá o antagonismo da companhia e o antagonismo dos demônios. É nessa situação que somos passíveis de sofrer ataque espiritual.

Não tenho dúvida de que muitos dos leitores já tiveram conhecimento de uma força estranha, uma influência não-cristã, em seu local de trabalho. É muito provável que vocês estejam enfrentando poderes demoníacos. A posição e a autoridade deles são ameaçadas pela presença do Espírito Santo em vocês.

2. Satanás está sempre investigando para descobrir nosso ponto fraco

Podemos ser atacados porque o Diabo está sempre sondando para descobrir nossas fraquezas. Ele acredita que todos nós temos um ponto "vulnerável no campo de batalha". Ele quer descobrir qual é esse ponto e fará de tudo até encontrá-lo.

O Diabo acredita que cada um de nós tem um preço. Todos nós temos um ponto de rompimento. É isso que ele procura o tempo todo. Esse é o motivo da maior parte da pressão a que estamos sujeitos de tempos em tempos.

3. Satanás está sempre procurando neutralizar nossa ação e destruir-nos

O que é ainda mais grave, se o Diabo conseguir nos neutralizar, ele nos destruirá em seguida. Este é o seu objetivo maior. É de vital importância entender que a guerra em que estamos engajados é uma guerra verdadeira. Não é de faz-de-conta. Não estamos brincando de guerra. O inimigo quer nos pegar e destruir. Para isso ele tenta nos isolar: isolar de Deus, isolar-nos uns dos outros, dos nossos amigos, e isolar-nos da igreja. Quando ele tiver conseguido isso e nós estivermos sozinhos, ele tentará nos destruir.

É importante entender que a maioria dos ataques vem por meio de pessoas. As pessoas podem dizer palavras e ter atitudes. Do coração das pessoas pode provir amargura. Lembre-se, entretanto, que as pessoas jamais são o inimigo. O importante a fazer quando essas coisas ocorrem conosco é discernir a verdadeira origem do ataque, o que é esse ataque, para que saibamos lidar com ele. Se tão-somente reagirmos contra as pessoas, teremos perdido a batalha.

Você se lembra da vez que Jesus estava falando aos discípulos e lhes perguntou: "Quem vocês dizem que eu sou?" e Simão Pedro respondeu: "Tu és o Cristo, o Filho do Deus vivo!"

(Mateus 16.15,16). Jesus, ao que parece, ficou tão empolgado com isso que começou a dizer a Pedro que ia a Jerusalém, seria crucificado, enterrado e ressuscitaria dos mortos. O que aconteceu em seguida? Pedro o chamou de lado: "Isso nunca vai acontecer com o Senhor", exclamou. "Não diga uma bobagem dessas, Senhor!". Houve pressão sobre o espírito de Jesus. Ele estava sendo alvo de um ataque. O inimigo estava tentando de alguma maneira afastá-lo do propósito e da vontade do Pai para a vida dele. Jesus percebeu isso e repreendeu Pedro com severidade: "Para trás de mim, Satanás!" (Mateus 16.23). Ele não estava repreendendo Pedro. As palavras saíram da boca de Pedro, mas tiveram origem no Diabo.

Temos de entender e lembrar sempre que, embora uma pessoa possa ser o meio do ataque, ela jamais é o inimigo. Repito, nunca é o inimigo. Algumas vezes o Diabo usa os próprios cristãos para atacar outros crentes.

Resumo

Somos convocados para viver nas estruturas de poder e para trabalhar nelas a fim de atingir seus propósitos legítimos, mas, sob o senhorio de Cristo, devemos recusar-nos a:

- render-nos ao espírito de idolatria dos poderes;
- extrair nossos padrões morais e sistema de valores desses poderes; e
- permitir que os poderes sejam a autoridade máxima sobre nossa vida.

Nós temos de pensar de forma bem realista que, de vez em quando, vamos sofrer ataque dos poderes demoníacos.

O ataque espiritual é a tentativa do Diabo de nos impedir de entrar na batalha, individual ou coletivamente, e atingir os alvos. Ele sabe que o melhor meio de se defender é atacar.

- Ele acredita que todos nós temos um preço e áreas de vulnerabilidade.
- Satanás está sondando para descobrir nossos pontos fracos.
- Os ataques podem nos mostrar quais fraquezas são pecados e o que exige arrependimento e reparação.

Quais as vulnerabilidades que exigem estratégias de proteção?

Sozinhos ou na companhia de pessoas em quem não podemos confiar ficamos vulneráveis. Satanás está procurando:

- isolar-nos de Deus e dos outros crentes;
- desarmar nossas defesas.

Na maioria das vezes o ataque ocorre por meio de uma pessoa, **mas, lembre-se de que a pessoa não é o inimigo**. É necessário discernimento para descobrir a verdadeira natureza e origem do ataque (Mateus 16.21-23).

Capítulo 17

As origens e a natureza do ataque demoníaco

Neste capítulo, quero falar de algumas situações em que esse tipo de ataque espiritual pode ocorrer. A seguir, apresento uma lista de circunstâncias que podem ocorrer em sua vida pessoal, no relacionamento familiar e na igreja, circunstâncias essas que provavelmente são ataques espirituais de poderes demoníacos.

Nem todo exemplo mencionado é necessariamente evidência de ataque demoníaco, mas precisamos reconhecer essa possibilidade.

1. Ataques físicos

- enfermidades ou doenças físicas que não têm explicação médica ou não respondem ao tratamento médico
- ataques que envolvem os apetites: distúrbios alimentares, alergias a alimentos, anorexia, alcoolismo ou hábito de beber

- apetites sexuais, luxúria, perversão sexual, pornografia e distúrbios sexuais
- fraqueza e distúrbios nervosos, dependência de drogas

2. Ataques na mente

- pensamentos obsessivos ou compulsivos
- descontrole da língua, que se dedica a críticas, calúnias ou difamações e maledicência
- pensamento confuso, loquacidade extrema ou incapacidade de se comunicar, esquecimento excessivo, idéias fantasiosas, perplexidade, imaginação hiperativa
- sonhos ruins, pesadelos, insônia ou incapacidade para começar a dormir
- indecisão, pusilanimidade, procrastinação excessiva, passividade

3. Ataques emocionais

- temores, preocupação, ansiedade, assombro
- depressão, morosidade, negatividade
- desânimo, falta de esperança, desespero
- insegurança pessoal, condenação e sensação de fracasso
- ira, agressividade, hostilidade, defensividade

4. Manifestações de ocultismo

- aparições, visões
- demonização

- experiências ou manifestações paranormais ou mediúnicas
- tendências autodestrutivas ou suicidas
- efeitos de pragas ou maldições

5. Ataques com base em pecados individuais

- amargura, ressentimentos, falta de perdão
- rebeldia contra autoridades
- orgulho e egocentrismo
- pecados inconfessos e secretos e autocomplacência

6. Ataques com base em pecado ancestral ou generacional

7. Ataques violentos

- dominação, intimidação, controle
- abuso sexual, emocional ou verbal
- abuso espiritual, psicológico e de outras formas

8. Ataques a casamentos e a famílias

- conflito, brigas, quebra de comunicação
- problemas sexuais
- problemas de comportamento entre pais e filhos
- relações adulterinas ou tentações

9. Ataques aos negócios e à vida da igreja

- divisão e desunião

- conflito de relações, deslealdade, traição
- ataques pessoais ao caráter, à capacidade, ao cargo ou aos direitos
- disseminação de boatos, fofoca e destruição da reputação
- injustiça, tratamento injusto e perseguição
- pressões financeiras e nos negócios, competição desleal e oposição
- pressão, estresse e esgotamento

10. Ataques à vida espiritual

- dúvida grave e irracional, desânimo e falta de senso de realidade
- resistência à oração, às Escrituras e à adoração
- ilusão, desequilíbrio, falsas manifestações e revelações de seitas

Não estou dizendo que todos os problemas listados sempre tenham origem demoníaca, mas precisamos ficar atentos e verificar a fonte do ataque caso alguma das circunstâncias mencionadas esteja presente. Basta olhar essa lista e perceber com clareza em que extensão nossa vida pode sofrer interferência e ser atacada pelos poderes demoníacos.

Capítulo 18

Princípios da guerra defensiva

Agora quero lhes mostrar alguns princípios de guerra espiritual defensiva para que vocês reflitam sobre eles e estudem. Nunca é demais enfatizar a importância da defesa, porque a falta de uma defesa segura nos deixa expostos ao ataque surpresa. Isso ocorre com muita freqüência aos cristãos.

O Diabo com freqüência tentará derrubar nossas defesas e subjugar-nos. Se nossa posição não for segura, isso acontecerá facilmente, e seremos dominados antes de entender o que aconteceu.

Ocupar a posição elevada

Aquele que habita no abrigo do
Altíssimo
e descansa à sombra do Todo-poderoso
pode dizer ao Senhor:
"Tu és o meu refúgio e a minha
fortaleza,
o meu Deus, em quem confio".

Ele o livrará do laço do caçador
    e do veneno mortal.
Ele o cobrirá com as suas penas,
e sob as suas asas você encontrará
    refúgio;
a fidelidade dele será o seu escudo
    protetor.
Você não temerá o pavor da noite,
nem a flecha que voa de dia,
nem a peste que se move sorrateira
    nas trevas,
    nem a praga que devasta ao meio-dia.
Mil poderão cair ao seu lado,
dez mil à sua direita,
    mas nada o atingirá.
Você simplesmente olhará,
e verá o castigo dos ímpios.

Se você fizer do Altíssimo o seu abrigo,
do Senhor o seu refúgio,
nenhum mal o atingirá,
desgraça alguma chegará à sua tenda.
Porque a seus anjos ele dará ordens
    a seu respeito,
para que o protejam em todos
    os seus caminhos;
com as mãos eles o segurarão,
para que você não tropece em alguma
    pedra.
Você pisará o leão e a cobra;
pisoteará o leão forte e a serpente.

Porque ele me ama, eu o resgatarei;
eu o protegerei, pois conhece o meu
nome.
Ele clamará a mim, e eu lhe darei
resposta,
e na adversidade estarei com ele;
vou livrá-lo e cobri-lo de honra.
Vida longa eu lhe darei,
e lhe mostrarei a minha salvação."

Salmos 91.1-16

Esse salmo é impressionante. Davi se expressa muitíssimo melhor que eu!

O primeiro princípio da guerra defensiva é colocar-se numa posição elevada. É o lugar onde se ficará em segurança e de onde se pode ver o que está acontecendo. O campo de batalha é muito confuso e barulhento e tem muita fumaça; ali ocorre muita coisa e ninguém sabe o que está acontecendo. Por isso, o Diabo vai tentar levá-lo para esse campo e você será afetado por tudo isso. O primeiro e mais elementar princípio da guerra defensiva é, portanto, subir desde o início a um lugar elevado para poder enxergar o que está acontecendo. Nesse lugar estão os recursos que o manterão em segurança e onde sua posição será protegida.

Qual é esse lugar elevado? Do ponto de vista espiritual, temos um lugar elevado, mas quem tem uma posição assim na cidade deste mundo? Se você olhar para o horizonte de uma cidade, verá quem tem! Alguma vez você já se perguntou por que esses arranha-céus espelhados e majestosos são construídos — bancos, companhias de seguro e empresas multinacionais? Você compreende que eles estão fazendo uma declaração "espiritual"? A Bíblia está repleta de referências a lugares altos. Se você for a um país pagão e olhar em volta das colinas, verá que ali os templos são construídos no lugar elevado — estão declarando algo. Numa cidade, essas torres estão fazendo uma declaração espiritual. Estão dizendo: "Aqui nós temos o poder, aqui temos os recursos, aqui nós ditamos as ordens, aqui vocês se curvam diante de nós". O objetivo deles é causar-nos uma impressão superior de seu poder e nos fazer ajoelhar perante eles.

Recentemente estive na cidade de Melbourne, na Austrália, e lá está sendo construído um enorme quarteirão de arranha-céus com muitos andares de escritórios bem no fim da principal avenida da cidade. É a sede de uma das principais cervejarias do Estado de Victoria. Quando estiver pronto, será difícil alguém passar pela principal rua daquela cidade sem deparar com esse bloco de escritórios falando sobre a cervejaria. Por trás disso existe uma declaração espiritual. No mundo, o Diabo ocupa uma posição elevada, por isso precisamos saber qual é nossa posição elevada.

1. Nossa posição elevada é nossa condição na revelação de Jesus Cristo.

Recomendo-lhes a leitura dos salmos de Davi. Ele era um homem de guerra e conhecia as técnicas bélicas. Nos salmos, ele sempre fala acerca do "Senhor, minha rocha, meu refúgio, minha torre elevada, minha fortaleza, meu escudo, minha trincheira". Davi sabia qual era seu lugar elevado.

> Eu te amo, ó Senhor, minha força.
> O Senhor é a minha rocha, a minha
> fortaleza

> e o meu refúgio.
> Ele é o meu escudo e o poder que me
> salva,
> a minha torre alta.
> Clamo ao Senhor, que é digno de louvor,
> e estou salvo dos meus inimigos.
>
> Salmos 18.1-3

Os salmos de Davi estão repletos desse tipo de mensagem. Lendo-os, entretanto, poder-se-ia pensar que ele estava sempre fugindo dos inimigos. Não exatamente. Leia a história e verá que Davi estava sempre correndo atrás de seus inimigos! Ele conhecia sua fortaleza, seu lugar fortificado, sua segurança. Ele sabia que o primeiro princípio de guerra é garantir a segurança de sua defesa. A primeira coisa que você precisa saber acerca da batalha é como se defender, até aprender a atacar o inimigo. Precisamos estar treinados para a batalha.

> Ele é o Deus que me reveste de força
> e torna perfeito o meu caminho.
> Torna os meus pés ágeis como os da
> corça,
> sustenta-me firme nas alturas.
> Ele treina as minhas mãos para a batalha
> e os meus braços
> para vergar um arco de bronze.
>
> Salmos 18.32-34

Deus sabe que estamos numa guerra e por isso deseja nos preparar para a batalha. O primeiro princípio de treinamento é garantir a segurança da posição de defesa. Isso é possível tendo a certeza de qual é sua posição elevada e de que você está em Cristo. **Estou assentado nos lugares celestiais com Deus, em Cristo.** Essa é a segurança e o lugar elevado do cristão.

2. Nossa posição elevada é a vitória da morte de Jesus Cristo na cruz

É isso que a Bíblia quer dizer quando fala do sangue de Cristo. O sangue de Cristo é uma expressão curta que resume o poder, o grandioso poder, da cruz em nosso favor. Essa é nossa posição elevada. Estou assentado em Cristo nos lugares celestiais — estou nesse lugar! Estou coberto com o sangue de Cristo. Antes da crucificação Jesus disse: "Já não lhes falarei muito, pois o príncipe deste mundo está vindo. Ele não tem **nenhum** direito sobre mim" (João 14.30; grifo do autor) — **nada**, lugar nenhum, base nenhuma.

Quando invoco o sangue de Cristo, aquilo que era verdade acerca de Cristo passa a ser verdade a meu e a seu respeito. O Diabo não tem base nem lugar em você — o sangue de Cristo é nossa base elevada, nosso refúgio e fortaleza. Não a nossa própria força, nem nossa perspicácia, nem mesmo nossa fé. Nossa base elevada é o sangue de Cristo.

3. Nossa base elevada são nossas relações pactuais no corpo de Cristo

Eu e você fazemos parte do corpo de Cristo. Deixe-me explicar-lhe como isso funciona. Imagine uma igreja com todos os crentes de mãos dadas com a pessoa ao lado e entre as fileiras de assentos. Se alguém entrar no salão e tentar segurar apenas uma pessoa terá bastante dificuldade. Quando o intruso tentar empurrar a pessoa para fora, ele enfrentará a força de todo o corpo ali presente, porque todos estão unidos (de mãos dadas) entre si. O intruso vai ter problema! Essa simples ilustração mostra que estamos encerrados no corpo de Cristo por um pacto, ligados por uma relação pactual com todo o corpo de Cristo, não apenas em nosso vilarejo ou nossa cidadezinha, mas pelo mundo inteiro. Milhões e milhões de cristãos estão envolvidos.

Tanto no passado quanto nos anos que virão, há uma "grande nuvem de testemunhas". Eu e você estamos unidos um ao outro dentro do corpo de Cristo. Essa é a nossa base elevada — nosso lugar de segurança.

Precisamos saber não apenas qual é esse lugar elevado, mas também precisamos saber como chegar a ele. Você sabe como chegar a esse lugar elevado dentro de você mesmo? Você precisa anunciar: "Estou assentado nos lugares celestiais em Cristo Jesus. Minha vida está escondida com Cristo em Deus. Estou coberto pelo sangue da cruz. O Diabo não tem nada de mim nem em mim. Eu sou parte do corpo de Cristo, e Cristo é minha cabeça".

Você precisa saber como voltar a essa base elevada. Também precisa aprender a fazer isso antes que **seja obrigado** a fazer. Isso deve fazer parte de nosso treinamento diário para que, quando for preciso agir assim, não seja tarde demais. Você vai acordar amanhã de manhã sentindo-se muito bem, rejubilando-se em Deus e pronto para enfrentar outro dia e, de repente, um pouquinho mais tarde, "o céu desaba sobre sua cabeça"! Será muito tarde, então, para pensar: "Eu tenho uma base elevada em algum lugar. Qual era a base elevada? Tenho certeza que Tom Marshall me disse qual era essa base!".

Temos de saber de antemão para estar preparados para o ataque. Devemos praticar para que "Deus treine nossas mãos para a guerra". Devemos **treinar** para nos defender. Em toda ocasião, debaixo de qualquer pressão, durante qualquer provação e em tudo quanto nos acontece, temos de saber onde é nossa base elevada e aprender a chegar até ela. Acredito que isso deva fazer parte do exercício diário dos crentes nos dias atuais.

Todo oficial comandante dedica uma enorme quantidade de tempo preparando suas tropas antes de enviá-las para as trincheiras! Sabemos que está acontecendo uma guerra, mas não podemos apenas dizer, como fazem muitos cristãos: "Vamos atacar o inimigo em algum lugar". Muitas vezes, nós cristãos somos um bando de soldados despreparados lançados ao campo de batalha em completa desordem. Depois ficamos nos perguntando por que temos problemas.

Quando você estiver ocupando a base elevada, poderá ver o que está se passando. Você ficará acima da fumaça da batalha, acima do barulho e da confusão. Um dos elementos que distingue um exercício de treinamento do Espírito Santo de um ataque espiritual é claro e óbvio. Deus diz: "Enfrente determinada situação, passe por ela, isso vai ser bom para você", se você estiver ouvindo o que ele diz. A marca de um ataque espiritual em geral é caos e confusão, e você não entende o que está acontecendo. É atacado por trás — isso causa perplexidade. Isso quase sempre é a característica de uma batalha espiritual. Como você vai lidar com ela? Vá até a base elevada. Dali, você poderá enxergar o que está se passando com muito mais clareza. Poderá discernir a mão do Diabo, a direção do ataque e poderá encontrar o lugar de segurança — o lugar de seus recursos. É desse lugar que você pode dizer ao Diabo: "Se você quer me pegar, suba aqui, estou bem escondido com Cristo em Deus. Estou coberto pelo sangue de Cristo. Se você me atacar, vai atacar na verdade todo o corpo de Cristo, porque eu sou parte desse corpo". Você precisa aprender a fazer isso.

Regras básicas

Quando estiver com toda pressão sobre seus limites de paciência, volte para o corpo de Cristo, para o seu lugar elevado. Mesmo com todo o estresse que está sofrendo, dirija-se para o seu lugar elevado. Aprenda a fazer isso, aprenda a chegar lá, aprenda a ficar ali. Esta é uma regra elementar.

Construa um sistema de defesa eficiente e aprenda a se defender. O que significa isto?

- ***Crie uma atitude de confiança.*** Trate do problema do medo. Você precisa ter um sistema de defesa imune ao medo. O medo corrói nosso ânimo. Ele nos confunde. O medo nos faz reagir de forma errada. De onde deve vir essa atitude de confiança? De enxergar as coisas como elas de fato são.

  Lembra-se de que, certa vez, Eliseu estava na cidade de Dotã, e os exércitos dos assírios estavam nas colinas que rodeavam a cidade? O servo de Eliseu estava apavorado. O que o profeta fez? Pediu a Deus que abrisse os olhos de seu servo. Acho que Eliseu estava sendo um pouco irônico nisso, pois ele conseguia ver coisas que o jovem não conseguia. O Senhor abriu os olhos do servo e ele enxergou:

Aqueles que estão conosco são mais numerosos do que eles.
2Reis 6.16

Quando enxergamos a realidade, quando vemos que Deus está ao nosso lado e a nosso favor, quem poderá ficar contra nós?

Sabe o que significa você estar cheio do Espírito Santo? O Espírito Santo é Deus localizado em seu corpo. É uma idéia maravilhosa. O Espírito Santo é o Deus onipotente, onisciente e eterno habitando o seu corpo humano. Esse corpo é o templo do Espírito Santo. Portanto, se o Deus eterno, onipotente e onisciente está em você, dizer que "aquele que é por nós é maior que aqueles que são contra nós" é o mínimo, é ficar bem aquém da grandiosidade do fato! A Bíblia também diz "aquele que está em vocês é maior do que aquele que está no mundo" (1João 4.4). Logo, precisamos construir nosso sistema de defesa depositando nossa confiança no alvo certo.

A confiança tantas vezes se demonstrou correta que não é necessário questioná-la. Davi tinha confiado em Deus tantas e tantas vezes e provou tanto a Deus que acabou dizendo: "...ainda que se declare guerra contra mim, mesmo assim *estarei confiante*" (Salmos 27.3, grifo do autor).

Acho que muitos cristãos de hoje não são confiantes. Estão lutando desesperadamente para confiar em Deus e ter mais fé. Eles precisam aprender a ter um lugar de confiança. Você conhece Deus? O caráter de Deus jamais muda. Pode-se confiar nisso. A Palavra de Deus nunca muda. Também se pode confiar nisso.

Você alguma vez já pensou no que poderia acontecer se chegasse ao Senhor acreditando em uma das promessas dele e ele lhe dissesse: "Infelizmente, eu mudei de idéia. Isso não vale mais."? Isso é inimaginável. Deus mantém sua Palavra. Quando Deus nos faz uma promessa, ele limita a soberania dele por toda a eternidade. Deus restringe sua própria liberdade de ação para sempre. Há algumas coisas que Deus não pode fazer de forma alguma. Por quê? Porque ele prometeu que não faria. Ele leva as promessas muito a sério.

Você sabe por que temos problemas com a fé? Basicamente porque somos pessoas sem fé. Fazemos promessas muito fracas nos dias de hoje e as quebramos sem praticamente nenhum constrangimento. Descobri que a maior parte das promessas que fazemos se baseia em alguma condição não escrita. É mais ou menos assim: "conquanto que eu ainda tenha a mesma opinião", "desde que não aconteça algo mais importante", "desde que não custe muito", eu prometo. Lembre-se de que as promessas de Deus não são condicionais. Uma vez feita, ela não muda. Para crescer na fé, eu preciso começar a levar a sério as promessas de Deus. Um dos motivos pelos quais temos dificuldade para acreditar em Deus é que, se não levamos as promessas a sério, achamos difícil que qualquer outra pessoa, principalmente Deus, as leve a sério.

- **Livrar-se dos embaraços**. Livre-se das coisas que põem sua espiritualidade em perigo. É muito difícil lutar contra alguém se você estiver com os cordões dos sapatos amarrados um no outro e com os dedos cruzados!

O Diabo procura nos embaraçar porque isso inibe nossa liberdade de ação quando temos de nos defender. Pelo fato de estarmos numa guerra, a batalha tem de ter prioridade. Acredito que o povo de Deus dos dias atuais deva levar esse assunto muito a sério e livrar-se dos embaraços.

O que quero dizer com isso? Para algumas pessoas, são embaraços de relacionamento. Alguns relacionamentos podem não lhe ter nenhuma serventia e até representar um potencial perigo para você — de alguma forma eles restringem sua liberdade de ação. É necessário se livrar deles.

Às vezes trata-se de embaraços financeiros. A liberdade de ação para muitas pessoas fica gravemente limitada por causa disso. Se possível, liberte-se desse embaraço.

Algumas vezes são hábitos — hábitos debilitantes que sugam nossas energias espirituais. Muitas vezes esse é um perigo que ameaça principalmente os líderes que se envolvem em atividades demais — algumas delas não têm nada a ver com eles! Isso só serve para esgotar a energia e nos distrair de nossa tarefa principal. Precisamos ter um foco bem definido quanto ao que Deus deseja que façamos para ele.

Resumo

Não se esqueça da extrema importância da defesa. A ausência de meios seguros de defesa nos torna vulneráveis a ataques surpresa.

O Diabo em geral vai tentar derrubar nossas defesas e nos pegar despreparados.

Ocupar a base elevada (Salmos 91), onde você tem proteção (v. 1 e 2), está em contato com os recursos do poder divino (v. 3-7) e pode discernir o que está acontecendo (v. 8).

Note a confiança de Davi na base elevada (Salmos 18.2,3, 16-19; 27.5; 61.2,3). Nossa base elevada é:

- nossa posição e permanência em Cristo (Efésios 1.18-23; 2.6; Colossenses 3.1-4).
- a vitória da cruz e da ressurreição (Colossenses 2.15; Hebreus 2.14; Apocalipse 12.11).
- nossa relação pactual com Deus (Hebreus 6.17,18).

Satanás sempre vai procurar nos tirar de nossa base elevada para ficarmos mais perto dele.

Construir um sistema de defesa eficiente antes de precisar dele (Salmos 144.1; 18.34).

- Crie atitude de confiança (Salmos 27.1-3; Jeremias 17.7). Trate do medo, confie na cruz, confie no Espírito Santo e confie na Palavra de Deus. O conselho de Deus reduz a nada os objetivos do inimigo (Provérbios 21.30,31; Isaías 8.9-10).
- Desfaça-se dos embaraços que prejudicam sua eficiência ou o deixam vulneráveis. Esses embaraços podem ser de ordem financeira, de relacionamentos, hábitos debilitantes ou padrões de pensamento que esgotam suas energias, atividades complicadas e contraproducentes e problemas e situações que não são de sua responsabilidade. (Mateus 6.25-34; 2Coríntios 6.14; 1Timóteo 6.9,10; Hebreus 2.1).

Capítulo 19

Para entender a armadura de Deus

Efésios 6.11 nos diz para "vestir toda a armadura de Deus". Durante muito tempo, essa passagem nunca teve grande significado para mim. Eu tinha amigos que religiosamente se levantavam todos os dias e vestiam o capacete da salvação, a couraça da justiça, apertavam o cinto da verdade, pegavam o escudo e a espada e saíam para o trabalho. Eu tentava imaginar o que isso significava, o que não era de grande ajuda para mim. Todavia, um dia comecei a entender o que é a armadura de Deus. Ela é muito importante.

A armadura de Deus é um conjunto de condições de vida que Deus deseja criar em nós. Quando elas estão presentes, essas características permitem que Deus opere e impedem Satanás de agir. A palavra *panoplia*, que significa "toda a armadura", é empregada no Novo Testamento — uma vez em Efésios 6 e uma em Lucas 11, em que Jesus está falando acerca do Diabo. Ele diz: "Quando um homem forte, bem armado, guarda sua casa, seus bens estão seguros" (Lucas 11.21).

Jesus está dizendo que Deus tem uma armadura completa, e o Diabo também tem uma armadura completa. Qual é a armadura do Diabo? É um conjunto de condições de vida que ele quer criar em nossa vida. Quando essas condições tiverem criado raízes em nossa vida, permitirão a ação do Diabo. Além disso, elas impedem que Deus opere.

No que diz respeito à guerra espiritual, as condições de vida mencionadas em Efésios 6 são as mais relevantes. Existem outros fatores importantes para a nossa maturidade, nosso crescimento etc., mas, para a defesa, seguem as condições essenciais.

As condições de vida que Deus deseja em nós

1. Verdade

Marido e mulher precisam caminhar juntos na luz, falar a verdade um ao outro. Toda a verdade. Tudo que ficar escondido é um perigo potencial.

Os irmãos e as irmãs do corpo de Cristo precisam aprender a caminhar na luz uns com os outros. Fiz parte de uma igreja na Nova Zelândia, na qual chegamos a uma situação maravilhosa de falar a verdade entre os irmãos, a ponto de, se um dos irmãos dissesse algo, eu saberia que ele queria dizer exatamente o que suas palavras diziam. Não havia segundas intenções. Eu podia confiar neles. Não precisava usar de artifícios nem circunlóquios, muito menos dar indiretas. Podia simplesmente dizer o que estava pensando, e eles acreditavam em mim sem questionar. Contudo, isso levou muito tempo para ser assim e, até chegarmos a esse ponto, houve muito sofrimento. Eu percebi que havia muito pouca sinceridade entre nós. Não dizíamos as coisas como elas deviam ser ditas. Às vezes dói andar na verdade, mas a verdade é maravilhosa.

Muitas vezes, a verdade fere, mas esse ferimento se cura muito rapidamente. O lugar mais seguro para caminhar é a luz. Por quê? Porque o Diabo odeia a luz. O Diabo sempre foge da luz. Jesus disse: "... quem pratica a verdade vem para a luz, para que se veja claramente que as suas obras são realizadas por intermédio de Deus" (João 3.21). Isso significa juízo sobre o pecado e sobre o ímpio. A luz é o melhor lugar para estar. Fixe essa verdade em sua vida.

2. Paz (shalom)

Vou lhes dizer algo curioso sobre paz. Para os hebreus, paz não era a ausência de guerra. Paz, para os hebreus, era harmonia com os amigos e vitória sobre os inimigos. Não é interessante? Isso é que significa *shalom*. Com isso, entendo o que Paulo queria dizer quando escreveu: "Em breve o Deus da paz [*shalom*] esmagará Satanás debaixo dos pés de vocês" (Romanos 16.20). Não parece algo muito pacífico, não é? Mas é.

Deixe que Deus instaure em sua vida a harmonia com os amigos e a vitória sobre seus inimigos, a paz com Deus sobre seus pecados, a paz com Deus nos tratamentos que ele dá a sua vida e, mais que isso, a paz de Deus que nos protege o coração e a mente.

3. Fé — confiança

Vou lhes dizer algo importante acerca da confiança. Confiança é uma escolha que se faz. É um risco que se assume. Não existe confiança sem custo nem sem risco. O risco que se assume é deixar que o resultado de alguma parte da vida da gente passe de nossas mãos para as mãos de outra pessoa. O risco de confiar em Deus, portanto, é que transferimos alguns resultados de nossa vida para o controle dele. Não me admira que devamos confiar em Deus, mas me admira, sim, que Deus confie em nós. Deus vive nas condições de seus próprios relacionamentos. Em outras palavras, Deus confia em nós, e confiança é uma escolha que Deus faz, a confiança em nós é um risco que Deus assume. Surpreendente. Deus assume riscos conosco! Ele deixa que alguns resultados de seus propósitos deixem de depender dele para depender de nós. Isso é impressionante. Quando Jesus voltou para o céu e deixou todo o destino de seu reino nas mãos de onze apóstolos, ele na verdade não tinha uma segunda "equipe de apoio" preparada e pronta para agir se a primeira falhasse. Ele nos confiou a pregação do evangelho a toda criatura.

4. Esperança — o capacete da salvação

Esperança é uma das virtudes mais esquecidas de todo o rol de virtudes cristãs. Paulo diz em 1Coríntios 13.13: "Assim, permanecem agora estes três: a fé, a esperança e o amor. O maior deles, porém, é o amor".

Em toda minha vida ouvi centenas de sermões sobre o amor, centenas de sermões sobre a fé, mas apenas dois sobre a esperança — e fui eu que preguei os dois! O que aconteceu com a esperança?

Deixe-me dar-lhe uma definição de esperança — essa maravilhosa virtude. Na Bíblia **esperança é a expectativa confiante de algo bom**. Em outras palavras, esperança é a abertura para receber. Não se experimenta o que não se recebe. Se não recebermos o amor de Deus, não vamos usufruí-lo. Se não recebermos a bênção de Deus, não vamos desfrutá-la. Ninguém experimenta mais do que recebe, mas também não se recebe mais do que se está aberto para receber. Se não se está aberto para o incentivo, não se pode recebê-lo. O problema de Deus não está em dar, porque dar é de sua natureza. O problema de Deus é fazer com que recebamos, e esperança é a disposição de receber.

Temos de ser as pessoas mais receptivas da face da terra. Você sabe o que significa o desespero na Bíblia? Uma pessoa desesperada é alguém cujo futuro se fechou. Uma situação sem saída — isso é desespero. Nenhum futuro. A esperança, todavia, é o oposto disso. Todos os cristãos devem ser pessoas "receptivas", receptivas a Deus, receptivas umas para com as outras, receptivas para a vida, receptivas a tudo, exceto ao pecado. A esperança é maravilhosa.

As condições de vida que o Diabo gosta são opostas às condições de vida exigidas por Deus:

- A armadura de Deus é verdade — a do Diabo são ilusão e mentira.
- A armadura de Deus é paz — a do Diabo são rixas e contendas.
- A armadura de Deus é esperança — a do Diabo são desespero e depressão.
- A armadura de Deus é fé — a do Diabo são desconfiança e suspeita.

Precisamos compreender e adotar as condições de vida que Deus deseja criar em nós e trabalhar todos os dias com base nelas. Por quê? Porque, uma vez que forem criadas em nós, passam a ser a nossa armadura. Tornam-se nossa proteção. Compreenda a armadura de Deus.

Resumo

A armadura de Deus é um conjunto de **condições de vida.** Deus quer criar essas condições em nossa vida a fim de que ele possa operar e impedir que Satanás atue (cf. Lucas 11.21).

Verdade — o efeito da verdade é expor a mentira e desse modo nos proteger do engano do Diabo (João 3.19,20; 2Coríntios 6.7; Efésios 6.14).

Retidão — nossa relação pactual com Deus, por meio de Cristo, que garante segurança e vitória (Isaías 59.17; 2Coríntios 6.7).

*Paz (***shalom***)* — harmonia com nossos amigos e vitória sobre os inimigos (Romanos 16.20). Não apenas a paz com Deus, mas também a paz de Deus que guarda nosso coração e nossa mente (Filipenses 4.7; Colossenses 3.15).

Fé — A ligação criativa com Deus, que permite que seu poder seja compartilhado com o homem (Efésios 6.16; 1João 5.4).

Esperança — a expectativa confiante de algo bom; a disposição para receber (Oséias 2.15).

Amor — o amor não somente nos liga à vida de Deus, mas também é a vida de Deus (2Coríntios 6.6; 1João 5.2-5).

A Palavra de Deus — a *rhema*, a palavra reveladora por meio do Espírito Santo (Efésios 6.17; Hebreus 1.3; 1Pedro 1.25).

Oração no Espírito — (Efésios 6.18; Judas 20).

Capítulo 20

Procure analisar seus recursos

É essencial para todos nós na batalha examinar nossos recursos e saber quais são eles. Você sabe quais são os seus?

1. Seus recursos são seus pontos fortes, aquilo que você faz bem

Seja franco. Do ponto de vista espiritual, o que você faz de fato bem? Se disser que, na verdade, não faz nada bem, é o Diabo que está mentindo para você. Em que você é bom? Eu, por exemplo, sou bom em orar a Deus quando estou me sentindo triste e desanimado — isso é um ponto forte. Confio que Deus pode me curar o corpo — isso é um ponto forte. Sei animar pessoas deprimidas — isso é um ponto forte.

Entenda que Deus o dotou com dois conjuntos de características. Primeiro, os pontos fortes, os dons e as coisas que você sabe fazer bem. Segundo, as limitações. Estas existem em nossa vida para darmos lugar a outras pessoas. Se tivéssemos toda a força de que necessitamos, não precisaríamos de ninguém mais. Seríamos auto-suficientes. Deus nos criou com limitações.

Por causa de nosso estado decaído, também temos fraquezas. As fraquezas você pode e deve vencer, mas jamais conseguirá superar as limitações. Deus nos fez assim para que sejamos bons em alguns aspectos, mas não bons em tudo. As limitações de nossa vida dão oportunidade para outras pessoas, e nossos pontos fortes ajudam as outras pessoas em suas limitações. Lembremo-nos, porém, de que devemos saber quais são nossos pontos fortes e usá-los como parte de nossos recursos.

2. Seus recursos são o Corpo de Cristo

Vou expor uma idéia e explicar o que quero dizer com ela. Pense numa igreja com, digamos, trezentos membros. Provavelmente, mais da metade desses membros são crentes há mais de dez anos, um quarto deles, há mais de cinco anos e o restante, digamos, cerca de dois anos. Se pensarmos numa média de anos de cristianismo, teríamos algo em torno de sete anos. Pois bem, com uma congregação desse tamanho, temos acesso, portanto, a aproximadamente 2.100 anos de experiência espiritual! Logo, é improvável que algum de nós tenha passado por muitas situações na vida que não tenham sido enfrentadas e superadas por alguém dessa congregação. São esses os recursos com que você deve contar. Você pode encontrar pelo menos uma pessoa que sofreu ou passou por uma provação semelhante à sua nessa congregação.

3. Seus recursos são as relações com que pode contar

Essas relações também são pontos fortes. As pessoas que têm amizade e aliança com você são aquelas para quem você pode ligar a qualquer hora do dia ou da noite para pedir que ore por você ou com você. Se tiver um problema, pode telefonar para elas, que com certeza o ajudarão. Se eu estiver enfrentando um problema ou um ataque, essas pessoas ficarão ao meu lado. Esses são os meus relacionamentos importantes e são meus recursos no corpo de Cristo.

É de vital importância ter essas amizades e ter pessoas que nos sejam leais e a quem sejamos leais também. Você sabe o que significa lealdade?

Lealdade é dizer: "Eu estarei do seu lado tanto nos momentos ruins quanto nos bons momentos". Costuma-se falar de amigos dos tempos de bonança — isto é, um "amigo" que está presente apenas nos bons momentos. Nossos amigos verdadeiros estão presentes também nos momentos difíceis. Lealdade é dizer: "Eu vou ficar a seu lado mesmo se todos estiverem contra você". Lealdade é dizer: "Vou defender você mesmo que isso me seja arriscado ou custoso".

Precisamos de amigos leais. Precisamos de relacionamentos que suportem a pressão e suportem uma pressão extraordinária se preciso for. Essas pessoas devem ser admiradas e estimadas acima de tudo. Diz um provérbio: "O amigo ama em todos os momentos; é um irmão na adversidade" (Provérbios 17.17). Os amigos foram feitos para a adversidade, para o que der e vier. Esses amigos são muito mais raros que deviam.

Lembro-me de um amigo meu nos Estados Unidos que cresceu entre gangues de rua quando era jovem. Ele me contou que, se estivesse numa situação muito complicada, preferia ter em seu apoio alguns dos rapazes da gangue a ter colegas do ministério! Estes correriam ao encontro dele para dar cobertura, mas essa gangue era confiável.

Não só precisamos de amigos leais, mas também precisamos saber quem são esses amigos. Essa amizade deve ser cultivada antes que venha a ser necessária. Precisamos saber qual a força de nossa amizade, pois, se sobrecarregarmos uma relação com mais que ela pode suportar, podemos prejudicar nossa amizade e o amigo.

Resumo

Analise seus recursos

Não se pode lutar com a armadura de outra pessoa (1Samuel 17.38-40). Avalie sua vida e sua experiência pessoal e descubra:

- **Suas forças espirituais** — aquilo que você faz bem. Sua perseverança, paciência, esperança, boa reação à pressão, discernimento etc.
- **As coisas que você de fato conhece** — ter confiança naquilo que você conhece, na revelação da verdade e no que você descobriu na experiência, a palavra *rhema*.
- **Amizades com que pode contar nos momentos difíceis** e as pessoas em quem você confia e com quem pode trabalhar com eficiência.
- **O Corpo de Cristo** — a fé, a experiência e o conhecimento de que dispomos na comunidade cristã a que pertencemos.

Capítulo 21

Aprenda a lidar com a pressão espiritual

Todos nós sabemos que temos de viver num mundo real, onde existem ansiedade e estresse reais. Todos nós passamos regularmente por estresse de algum tipo. Muitas vezes cantamos hinos de vitória na igreja, mas como você se sente no dia seguinte quando vai para o trabalho? Seja sincero. Aposto que se sente totalmente impotente na maior parte do tempo. Estou certo?

Precisamos entender que Deus sabe tudo sobre isso. Na verdade, temos de encontrar nosso destino no campo de batalha. O campo de batalha existe para o nosso bem. Deus amadurece os santos com a barreira da dor.

Lembro-me de alguns anos atrás ter conversado com uma jovem que me contou que havia acabado de completar sua primeira corrida de maratona. Ela havia corrido 42 quilômetros. Explicou-me que, quando se corre a maratona, por volta do marco de 24 quilômetros atinge-se o que se chama de barreira da dor. Quando se atinge esse marco, podem ocorrer duas coisas. Ou o corpo não agüenta e morre-se ao lado da pista, ou se luta com a dor e sabe que, mesmo se não ganhar, de algum modo chegará ao fim da corrida. Quando ela me disse isso, percebi que em tudo de nossa vida existem essas barreiras de dor. Nem todas as situações doídas e estressantes são ruins para nós. A maioria delas é, na verdade, necessária. São as dores do crescimento. Por exemplo, não se pode crescer fisicamente sem passar pela barreira da dor. Se precisar fortalecer os braços, você vai levantar pesos até quase não agüentar mais — depois disso, vai começar a levantar mais pesos! Talvez você queira aumentar seu vigor físico, por isso vai praticar *jogging* e no momento em que estiver quase desmoronando — vai praticar um pouquinho mais!

Não se pode evoluir intelectualmente sem a barreira da dor. Os estudantes compreendem isso. É duro concentrar-se e procurar entender o suficiente para tirar boas notas, é muito difícil tentar lembrar tudo aquilo que se aprendeu! É uma barreira de dor.

Não se pode crescer relacionalmente sem a barreira da dor. Você fere os outros e os outros ferem você. Dói perdoar e pedir perdão, e depois começar tudo de novo.

Não se pode crescer espiritualmente sem passar pela barreira da dor. Um dado interessante a respeito de Deus é que ele é muito sincero. Jamais diz: "Isso vai doer mais em mim que em você". Ele diz: "Isso vai doer em você", mas no final, se treinar, vai obter frutos de paz e justiça.

O que quero ressaltar é que nem sempre se pode evitar a dor. Se evitar a dor dos exercícios, sofrerá a dor de um organismo doente. Quem não passar pela dor dos estudos, mais tarde conviverá com a dor da ignorância. Se alguém não sofre a dor dos relacionamentos, enfrentará depois a dor da solidão. Não se pode evitar a dor, por isso é melhor tirar proveito dela, tornando-a produtiva.

Algumas dores e lutas por que passamos na vida fazem parte do exercício que o Espírito Santo está pondo em nosso caminho para criar em nós mais vigor e musculatura espiritual.

Nem toda dor, entretanto, é desse tipo. Às vezes pode se tratar de um ataque do Diabo ao seu posto, a sua vida, sua saúde, e você precisa saber lidar com isso. Haverá um dia em que todos nós nos encontraremos no meio de uma guerra que não será invenção nossa. Ela existe antes mesmo que eu e você entrássemos em cena. É uma guerra real. Não é metafórica. Não é de faz-de-conta. O objetivo de Satanás é separar Deus da criação de sua Palavra. Você sabe o que é a criação da Palavra de Deus? São duas coisas. Primeiro Deus disse: "Façamos o homem à nossa imagem, conforme a nossa semelhança" (Gênesis 1.26). Esse é o propósito declarado de Deus. Em segundo lugar, ele disse: "Mas a terra se encherá do conhecimento da glória do Senhor, como as águas enchem o mar" (Habacuque 2.14). A tentativa de Satanás é separar Deus dessa Palavra.

Aproveite toda experiência da pressão espiritual como processo de aprendizagem. Sempre que estiver sob pressão recorra ao que você sabe e conhece. O que você conhece é sua armadura. Não se pode recorrer ao conhecimento de outra pessoa. Não se pode lutar usando a armadura de outro — Davi descobriu isso com Saul, antes de enfrentar Golias! Só é possível lutar com a própria armadura. Sua armadura é o que você conhece.

Quando estamos sob pressão, sempre nos retiramos para aquilo que conhecemos e, quanto maior a pressão, mais essencial se torna esse retiro. Digo isso porque me lembro de uma vez em minha vida em que fui espiritualmente posto "contra a parede". Tudo que me restou foi esta declaração de apenas três palavras, do salmo 23: "O Senhor é!". Maravilhoso! ***O Senhor é.***

Isso me salvou. Salvou minha sanidade. Todo o resto havia ido embora, mas eu me retirei para o refúgio, na torre fortificada. Nada poderia mudar o fato de que ***o Senhor é***.

Quanto mais pressão houver, mais básicos serão os recursos para os quais se correrá. Você correrá para se esconder atrás de sua fé. Paulo passou por circunstâncias tremendamente difíceis, mas ele correu direto ao fundamento. Ele o conhecia. Ele era quem era, onde estivesse, porque Deus tinha em última análise decidido isso. Ele conhecia o "o plano daquele que faz todas as coisas segundo o propósito da sua vontade" (Efésios 1.11). Esse é o elemento fundamental — é o elemento supremo.

Aprenda a lidar com a pressão espiritual em todas as circunstâncias. Lembre-se de que você tem de treinar e praticar a defesa até que ela se torne instintiva. Não pense: "Não consigo dar conta disso". Não. Use as circunstâncias como exercício para se colocar na posição elevada. Faça isso até que se transforme em hábito, até que a reação instintiva quando estiver sob pressão seja voltar a sua base elevada e seu lugar seguro. Quando aprender a agir assim, você estará apto a lidar com situações de ataque do Diabo.

Acredito que o que procurei transmitir seja de importância fundamental para os cristãos dos dias que estão por vir.

A defesa é somente a preliminar. Neste livro, destaquei que, em primeiro lugar, é preciso aprender a defender-se antes de sofrer um ataque. Muitos cristãos entendem isso errado e se surpreendem quando encontram a derrota.

Por fim, leia o que diz Salmos 18.28:

> Tu, Senhor, manténs acesa a minha
> lâmpada;

o meu Deus transforma em luz as
minhas trevas.

Davi estava em sua base elevada vendo o que se passava, ele prossegue:

Com o teu auxílio posso atacar uma
tropa;
com o meu Deus posso transpor
muralhas.

Salmos 18.29

Agora que aprendeu a defesa, você pode montar sua ofensiva.

Resumo

A pressão espiritual raramente envia avisos prévios, por isso precisamos conhecer a natureza de nossa base elevada e saber como chegar até ela. Precisamos entender as diferentes dores e situações estressantes de nossa vida; além de aprender a nos retirar instintiva e automaticamente para um lugar seguro sem parar para pensar. Nossa defesa deve se transformar em nossa segunda natureza e devemos usar toda oportunidade para praticá-la.

Capítulo 22

Conclusão

Identificar a verdadeira origem do ataque

As pessoas jamais são o inimigo, embora o ataque possa em geral vir por meio delas (Mateus 16.23; Efésios 6.12).

Discernir a natureza do ataque e a estratégia do Diabo

- Em geral, será dirigido contra uma área de fraqueza (Efésios 4.27) ou de ignorância (2Coríntios 2.10,11) em sua vida.
- Fique atento a qualquer reação negativa ou compulsiva e derrote-a. Nossa vitória está em Cristo, mas a preparação é responsabilidade nossa.

Ser confiante

Não se pode vencer com a expectativa de perdedor ou considerando-se "inútil". O princípio da vitória ainda é "de acordo com sua fé que isso lhe seja sobre você". Decida que não desistirá da luta, mas vencerá (Romanos 8.37). Somos mais que vencedores.

Não se deixar demover e resistir ao ataque

- É preciso energia para o ataque de demônios. Uma recusa simples e resoluta a render-se, firmada em sua posição em Cristo, minará a força do inimigo.
- Quando permanecemos firmes e decididos, o que o Diabo teme é a possibilidade da intervenção de Cristo em nosso favor (Tiago 4.7,8; 1Pedro 5.8-10).
- Ataque o ataque do Diabo e faça uso da intercessão para frustrar os planos do inimigo (Salmos 33.10; Isaías 8.7-11), do louvor e da adoração para confundir os poderes dele (2Crônicas 20.21; Salmos 149.6) e das Escrituras proféticas para amarrar o inimigo (Mateus 16.19; Apocalipse 12.11).

Reconhecer as ocasiões em que o confronto pode não ser a melhor atitude a tomar

Há momentos em que é sábio se esquivar (1Samuel 18.7-11).

> A sabedoria do homem
> lhe dá paciência;
> sua glória é ignorar as ofensas.
>
> Provérbios 19.11

Nas ocasiões em que não estamos prontos ou não sabemos o que fazer nem como lidar com a situação, o melhor a fazer talvez seja retirar-se ou fugir.

O nome do Senhor é uma torre forte;
os justos correm para ela e estão
seguros.

Provérbios 18.10

Esta obra foi composta em *Agaramond* e impressa por Imprensa da Fé sobre papel *Off Set* 63 g/m^2 para Editora Vida em abril de 2008.